中等职业学校"双优建设"系列教材·公共基础课

中职生德育教程

——启智润心，慧育青禾

主　编　蔡梅洲
副主编（排名不分先后）
张耀炜　艾芹芹　汪翼飞　陈梓淇　胡蓓蓓
编　委（排名不分先后）
李维靖　黄志斌　彭　飞　张　杭　周志雄
杨　凡　余　巧　王飞飞　段嬉微　芮　俊
谭晓庆　王小艳　杨媛媛　佘　威　汤　斌

華中科技大學出版社
http://press.hust.edu.cn
中国·武汉

内 容 提 要

中等职业教育是我国教育事业的重要组成部分，承担着为党育人、为国育才的重任。中等职业学校的德育工作对学生成长成才和学校其他工作具有重要的导向、动力和保证作用。

本书上篇全面系统地介绍了润禾“13531”德育体系：详细阐述了德育理念；阐明了遵循的德育思想；道出了德育基础的要义；提出了德育途径，即三座成长桥的架构；从社会主义核心价值观出发，确立了学生所要达成的德育目标。本书下篇围绕三座成长桥介绍了典型的德育活动案例，清晰呈现出学生的成长轨迹。

本书以为党育人、为国育才为根本目标，围绕“培养什么人、怎样培养人、为谁培养人”的问题，依据润禾“13531”德育体系，将具体措施落实到中等职业学校教育工作中，期望为中等职业学校德育工作提供思路与借鉴。

图书在版编目(CIP)数据

中职生德育教程 ：启智润心，慧育青禾 / 蔡梅洲主编. -- 武汉 ：华中科技大学出版社，2024. 7

ISBN 978-7-5772-0930-2

Ⅰ. G711

中国国家版本馆 CIP 数据核字第 2024P3B429 号

中职生德育教程——启智润心，慧育青禾 蔡梅洲 主编

Zhongzhisheng Deyu Jiaocheng——Qizhi-Runxin，Huiyu Qinghe

策划编辑：聂亚文
责任编辑：张梦舒 刘 静
封面设计：孢 子
责任监印：周治超
出版发行：华中科技大学出版社（中国·武汉） 电话：(027)81321913
武汉市东湖新技术开发区华工科技园 邮编：430223
录 排：华中科技大学惠友文印中心
印 刷：武汉市洪林印务有限公司
开 本：787mm×1092mm 1/16
印 张：12.75
字 数：314 千字
版 次：2024 年 7 月第 1 版第 1 次印刷
定 价：38.00 元

华中出版

序言

Preface

学校是有计划、有组织地进行系统教育的机构，其职能是教书育人。在中国共产党领导下，学校应严格执行党的教育方针，把为党育人、为国育才作为根本目标，把德育工作放在学校工作的首要位置，落实立德树人这个教育的根本任务。

近几年来，我校持之以恒致力于学生德育工作的研究，在“培养什么人、怎样培养人、为谁培养人”问题上进行了实践上的不懈探索。从我校班主任工作的实践案例中找寻教育的亮点；从德育工作取得成效的案例中汲取有益的成分；从德智体美劳五个方面寻找德育工作的载体和具体抓手，把全方位育人落实到具体工作之中；从挖掘中华民族优秀传统文化入手，在严格遵循党的教育方针的前提下，探索学校的德育主张；从坚持为党育人、为国育才根本目标出发，坚持学校的社会主义思想政治工作方向，提出学校必须坚持的德育思想；从中职学校实际出发，为最大限度满足学生成长需求，促进学生成人成才，提出了班主任工作应遵循的基本原则，进而转化成班主任德育工作的基础；从学生成长所需要的元素出发，探索出学生成人成才的基本规律，以此架构出学生成长的培养途径；从落实立德树人根本任务出发，结合我校实际，确定了学校具体的德育目标。经过不断深入地探索与研究，我校归纳总结出了润禾“13531”德育体系。这个体系在我校德育工作中一直发挥着重要的指导作用，并取得了明显成效。

为了总结我校德育工作的经验和所取得的成绩，保持良好的德育工作氛围，也为今后能有效指导我校班主任工作，助推德育工作队伍建设，促进德育工作研究不断向纵深发展，培养更多优秀的新时代中国特色社会主义建设者和接班人，我校组织从事德育工作的部分成员，整理实践中所形成的研究成果，编写成本书。本书上篇从理论层面介绍了润禾“13531”德育体系，从培养学生成长层面介绍了学生成长所需要的元素，下篇则从实战层面介绍了培养学生成长的案例，以飨读者。

2023 年 12 月 22 日

目录

Contents

概　论

立德树人是教育的根本任务，育人的根本在于立德，习近平总书记就立德树人根本任务多次做出重要论述。

2018 年 5 月 2 日，在北京大学师生座谈会上，习近平总书记指出，要把立德树人的成效作为检验学校一切工作的根本标准，真正做到以文化人、以德育人，不断提高学生思想水平、政治觉悟、道德品质、文化素养，做到明大德、守公德、严私德。2018 年 9 月 10 日，在全国教育大会上，习近平总书记进一步指出，要把立德树人融入思想道德教育、文化知识教育、社会实践教育各环节，贯穿基础教育、职业教育、高等教育各领域。2023 年 5 月，在中共中央政治局第五次集体学习时，习近平总书记强调，我们要建设的教育强国，是中国特色社会主义教育强国，必须以坚持党对教育事业的全面领导为根本保证，以立德树人为根本任务，以为党育人、为国育才为根本目标，以服务中华民族伟大复兴为重要使命，以教育理念、体系、制度、内容、方法、治理现代化为基本路径，以支撑引领中国式现代化为核心功能，最终是办好人民满意的教育；培养什么人、怎样培养人、为谁培养人是教育的根本问题，也是建设教育强国的核心课题。我们建设教育强国的目的，就是培养一代又一代德智体美劳全面发展的社会主义建设者和接班人。这就要求我们深入分析学生的年龄特点和发展规律，开展各种入脑入心的活动，引导学生坚定理想信念，永远听党话、跟党走。

围绕“培养什么人、怎样培养人、为谁培养人”的问题，各级各类学校都必须坚持做好为党育人、为国育才的准备，把德育工作贯穿到学校工作的始终，从学生成长的要素出发，全方位、全元素培养学生成人成才。

德育工作是对学生进行思想、政治、道德、法律和心理健康的教育工作，它是学校教育工作的重要组成部分，与智育、体育、美育、劳育等相互联系，彼此渗透，密切协调，对学生健康成长成才和学校工作具有重要的导向、动力和保证作用。本书所指德育是在兼顾学生智育、体育、美育、劳育等方面的基础上，对学生成长过程中所需要的元素（基本因素、要素），进行的全方位的培养与评价。

学校德育工作没有固守模式，也不能千篇一律，各校可根据校情、学情来探索自己的德育工作方式方法。本书所构建的润禾“13531”德育体系是我校结合实际情况，探索出的一套适合我校学生在德智体美劳诸方面都得到成长的教育体系。

润，水曰润下，滋润；润禾，指在不干涸、滋润环境中，禾苗健康茁壮成长。作为我国教育重要组成部分的中等职业教育，必须在全面贯彻党的教育方针、遵循教育规律的前提下，通过有效实施教育方法，把学生培养成社会主义建设者和接班人。在这样的要求下，学校要能像雨水滋润禾苗一样引导学生，使学生成人成才，达到“润禾”的目的。

润禾“13531”德育体系，是我校原创德育体系，具体可描述为：第一位上的“1”指“崇德、明礼、求知、尚能”的一个德育理念；第二位上的“3”指“以教育为先导、以思想政治工作为主线、以教育促进管理”的“三以”德育思想；第三位上的“5”指教师在承担班主任工作时应具备的“爱心、善心、耐心、责任心、平常心”的“五心”德育基础；第四位上的“3”指培养学生成长过程中的“行为规范、道德品质、人文素质”三个方面的途径，可形象称之为三座成长桥的德育途径；第五位上的“1”指把学生培养成“温雅、良善、知性、达能”的新一代中国特色社会主义建设者和接班人的一个德育目标。润禾“13531”德育体系前后两个“1”（即一个德育理念、一个德育目标）相互呼应、有始有终，在“5”（即“五心”）支撑的基础上，通过一个“3”（即“三以”德育思想）的建立，再通过一个“3”（即三座成长桥的德育途径）来达成学生成长的需求，形成了一个完整的学生培养体系。

纵观古今，我国一直非常重视德育工作，从德育思想的建立到德育工作的实施，其中不乏名人，古代思想家、教育家孔子就是其中的杰出代表。“志道、据德、依仁、游艺”的教育理念、“大学之道，在明明德，在止于至善”的教育目标，无不透露着一种强烈信息，那就是教人“立宏志、成良人”。

翻阅古今文献，德育工作相关文献呈现给人们的内容精彩纷呈，其中教育人们“向善”的内容尤为突出，凸现出其主流地位。“善，德之建也”，所表述的意思是一个人的“善”必须建立在其“德行”之上。一般意义上讲，善即善良，本义为吉祥、美好，有谦恭、忍让之义，所以从某种意义上讲，教育的本意应该是教育人们做一个善良之人，其主要目的就是要让“向善”这个德育思想，深深植入每一个受教育之人的心中。当今，我们在接受古代德育思想时，应结合实际，在所从事的教育工作中确定一个“向善”的目标。为此，在我校工作中，我们觉得德育工作应该注重“人性”的教育，教育学生成为一个善良的人，回归到教育的本源——“人性”的教育上来，这是一个符合中国特色社会主义教育方针的选择。

在从事中等职业教育的过程中，我校几代教师辛勤耕耘、无私奉献，从系统研究教育的思想、理念、政策，研究学生成长的规律，到探究班主任工作的方式方法，进行了长达数十年的探索，有的教师甚至为此付出了一辈子的努力，把毕生精力都奉献给了学生，成就了学生，成就了学校的教育事业。正是由于这些教师们的付出，才成就了我校今天这样一个成型的德育体系。这个体系是集体智慧的结晶，是集体智慧的成果。在已经过去的岁月中，它成功地指导了我校的德育工作，今后它也会一如既往地发挥应有的指导作用，让我们的教师在班主任工作中能更好地教育与帮助学生成长。也期待我校教师在接受这一德育体系的同时，能不断深入研究与探索，与时俱进地对本体系进行补充与改进，为我校德育工作发挥更大作用。

上篇

第一章 润禾“13531”德育体系内涵

“润禾者，当若春风化雨，携爱心以感化、抱善心以鼓励、守耐心以包容、怀责任心以帮助、持平常心以守护我们的学生。”这一句话诠释了我校德育工作的方向，指明了帮助学生成长的道路。

第一节 德育理念的由来与释义

我校德育理念是“崇德、明礼、求知、尚能”八字理念，在润禾“13531”德育体系中用“1”来表述。

在中国五千多年的灿烂文明史中，出现了许多伟大的思想家、教育家。道家、法家、儒家思想在我国历史长河中不断碰撞，自西汉思想家、政治家、教育家董仲舒提出“罢黜百家，独尊儒术”后，逐步确立了儒家思想在中国古代的思想统治地位。春秋战国时期，著名的思想家、教育家、政治家孔子与弟子周游列国十四年，一生修《诗》《书》、定《礼》《乐》、序《周易》、作《春秋》六经；后其弟子及再传弟子，根据其与弟子言行编成传世语录体巨著《论语》。《论语》集中体现了孔子及儒家学派的政治主张、伦理思想、道德观念、教育原则等，成为后世儒家学派的不朽传承。中国学术界、教育界对孔子思想的研究不可谓不深入、细致，成立了许多学习、研究机构，为中国人了解自己祖先、了解自己传统文化、了解祖国文明史提供了许多有效途径。

“孔子教人，各因其材”(朱熹语)，孔子是我国历史上因材施教的第一人，孔子的教育思想一直影响着我国教育中的德育工作。“志道、据德、依仁、游艺”，孔子教育弟子说，志向于道，根据于德，依靠于仁，还要娴熟地掌握礼、乐、射、御、书、数等六种技艺。这句话传递给我们的就是孔子的教育思想与德育理念。

孔子主张学而优则仕，就是说学到了知识、培养了品德，成为君子之后，就应该去做官，为国家政治做贡献，为平民百姓谋福利。孔子主张教育是为了培养有杰出才能、品德的君子去为官、治理天下，所以教育首重德教，思想道德教育是最重要的。崇尚道德是孔子教育思想的主要内涵。

孔子作为一个思想家，在思想方面的成就非常大。孔子创始的儒家思想的核心就是“礼”和“仁”，他主张道德上的仁爱思想、政治上的礼治思想，并且崇尚世界大同，天下为公。所以，教育一个人要懂得“礼”“仁”，是孔子教育思想的重要组成部分。

孔子要求弟子们掌握礼、乐、射、御、书、数等六种技艺，就是要求弟子们不断学习知识技艺，不断提升自己的能力，来达到治理天下、为民谋福利的目的。“温故而知新”“学而不思则罔，思而不学则殆”是孔子劝导人们学习的语言，提醒人们，学习对每个人来说非常重要。这也是孔子教育思想的重要组成部分。

在继承和发扬孔子教育思想的前提下，结合中职学校的特点及我校学生的实际现状，我校围绕社会主义核心价值观，围绕职业教育的特点，遵照“培养什么人、怎样培养人、为谁培养人”的要求，从道德品质、文明礼仪、追求知识、崇尚技能方面出发，凝练出我校的德育主张及理念，并不断加以贯彻与落实，从而使我校的德育工作达到为党育人、为国育才的目标。

我校提倡：凡我校学生一定要在社会主义核心价值观的指引下，崇尚社会主义道德，热爱我们的国家，热爱中国共产党——崇德；在学校的教育和引导下，明明白白做人，践行我国所提倡的礼仪，对待他人文明有礼——明礼；在校学习期间，一定努力学习科学文化知识，为建设中国特色社会主义打下良好学习基础——求知；在掌握一定科学文化知识的基础上，按照职业教育要求，努力提高技艺能力，为实现大国工匠梦想不断奋发图强——尚能。

综上，我校在进行德育工作的过程中，形成了主张学生崇尚道德、文明有礼、追求知识、崇尚技能的德育理念，简而言之就是：崇德、明礼、求知、尚能。

第二节　德育思想的建立

我校的德育思想是以教育为先导、以思想政治工作为主线、以教育促进管理，在润禾“13531”德育体系中用“3”来表述。

学校是由专职人员和专门机构组成的系统性、有组织、有计划的以影响受教育者身心发展达到预定目的的社会机构。学校教育指受教育者在学校内接受的各种教育，是教育制度的重要组成部分。学校教育的具体活动受到社会需求影响，必须符合社会发展趋势，学校承担着为社会输送人才的职能。从历史的进程来看，最初的教育活动与人类的生产、社会生活融为一体，人们主要通过言传身教来传授知识、技能。随着生产力水平的提高，物质财富逐渐增加，有些人从体力劳动中脱离出来，专门从事脑力活动；同时由于语言文字的产生与发展，独立的教育机构——学校便孕育而生。学校的出现标志着人类教育活动进入一个全新、自觉的历史时期，学校开始承担为社会培养和输送人才的工作。从学校应承担的社会责任来看，教育学生成人成才是学校的主业，是学校的社会责任。

我校是一所政府主办的中等职业学校，是中国共产党领导下的一所职业学校，理应承担为党育人、为国育才的责任。党和国家教育方针指出“教育必须为社会主义现代化建设服务、为人民服务，必须与生产劳动和社会实践相结合，培养德智体美劳全面发展的社会主义建设者和接班人。”(《中华人民共和国教育法》第五条)遵照党的教育方针，也为更好承担为党育人、为国育才的职责，我校在实施教育的过程中，强调教育的先导、引导作用，强调以思想政治工作引导学生爱党、爱国，强调在教育的基础上加强学生的管理。

在学校工作中，应通过教育的引导结合制度的管理，来解决好“培养什么人、怎样培养人、为谁培养人”的问题。我们面对的是中等职业学校的学生，是未成年人，所以完全依赖教育的作用，不能完全达成教育的目的，还需要建立一定的规章制度体系来约束学生的行为。因此，我校在建立教育体系的基础上，也建立了相应的管理体系，两者相辅相成、互为补充，从而达到引导、教育学生的目的。

先导，本意指在前引路，泛指引领、指导、率先引导群众的人。从学校教育的角度来说，先导就是率先在前引导。

教育是根据一定的社会现实和未来需要，遵循年轻一代身心发展的规律，有目的、有计划、有组织、系统地引导受教育者获得知识技能、陶冶思想品德、发展智力和体力的一种活动，以便把受教育者培养成为适应社会需要和促进社会发展的人。

管理指在特定的时空条件下，通过计划、组织、指挥、协调、控制、反馈等手段，对系统所拥有的生物、非生物、资本、信息、能量等资源要素进行优化配置，并实现既定系统诉求的生物流、非生物流、资本流、信息流、能量流目标的过程。

教育与管理在实施过程中所使用的手法非常一致，所以两者可以相互兼容与补充。但由于两者体现的内涵差别很大，因此必须借助一定的方式与方法打通两者的关系。学校在强调教育“引导”作用的同时，也一定要注意管理的“优化配置”，使德育工作更具人性和有效性。在实施教育过程中，教师应注重学生的个性化发展，鼓励学生在教师和学校的引导下，在合乎法律、道德、纪律、规矩的前提下，按照自己独特的个性成长；同时，教师也应注重管理的约束性和实效性，体现学校制度的刚性、不可违背性，让学生接受制度、法律、法规的规范要求，从而养成规矩意识。没有管理的教育就没有支撑，没有教育的管理就没有活力，只有将这两者有机结合才能达到最佳教育管理效果，这是对教育与管理关系的诠释。在教育中注入管理的成分、在管理过程中加入教育的引导非常必要。因此，以教育作为先导作用、用管理来辅助学生的成长成为我校德育工作方式的选择。

思想政治工作是一定的阶级和政治集团，为实现一定的政治目标，有目的地对人们施加意识形态的影响，以转变人们思想和指导人们行动的社会行为。中国共产党的思想政治工作是以社会主义、共产主义思想体系教育人民，启发人们的觉悟，提高人们认识世界和改造世界的能力，动员人们为实现当前和长远的革命目标而奋斗的实践活动。它不仅要解决人们的政治立场、政治观点、政治行为等问题，还要解决人们的世界观、人生观、道德观问题。毛泽东同志指出“政治工作是一切经济工作的生命线”，这一科学论断是对思想政治工作的地位和作用的形象概括。我校是国家的学校，是党领导下的学校，理应紧紧围绕党的教育方针，为党和国家服务、为人民服务，学校的教育要始终坚持为党育人、为国育才，思想政治工作必须是学校各项工作的生命线，意识形态的教育必须是学校教育工作的重中之重，用思想政治工作让学生建立起正确的政治立场、政治观点、政治行为是我校必须长期坚持的、不能动摇的关键、核心工作，只有这样才能完成立德树人的根本任务。

综上，我校德育思想建立起了一套培养模式：以教育先行引导学生的成长；以思想政治工作为教育的主线，解决学生建立正确的思想政治观的意识形态问题；以制度管理约束学生行为，保障教育所取得的成果。简言之，我校的德育思想就是以教育为先导、以思想政治工作为主线、以教育促进管理（“三以”）。

第三节　德育基础的要义

我校的德育基础是班主任的“爱心、善心、耐心、责任心、平常心”(简称“五心”)，在润禾“13531”德育体系中用“5”来表述。

我校是一所中等职业学校，学生来自初中毕业生。中等职业教育是我国教育事业的重要组成部分，是职业教育体系中的基础教育，承担着学生初中毕业分流至职业学校后的教育教学任务，贯彻好党和国家的教育方针，显得尤其重要。在学校层面，必须要做好顶层设计，在正确的德育理念引导的前提下，制定好德育的指导思想，再由班主任具体实施。班主任作为学校德育工作的具体实施者，也必须要强化自身建设，具备一定的理论水平、思想素质、政治定力、工作能力，还要有做好班主任工作的方法。“五心”德育基础就是根据我校学生实际情况，对班主任提出思想上、教育方法上、工作层面上的基本要求，是我校班主任工作的具体体现，也是我校在班主任工作方式方法上的创新。为此，我校倡导的是班主任应首先做好自己，用“学高为师、德高为范”的思想提升自己的能力素质，并用自身良好的思想品德、扎实的学识去教育和管理学生。

“五心”德育基础，在我校班主任工作中发挥了积极重要的作用，指导着班主任工作的全面展开。在班级学生教育管理中，我校要求：爱心用于感化，善心主导鼓励，耐心承担包容，责任心意在帮助，平常心旨在守护。

一、爱心：前提、基础

我校要求班主任把具有爱心作为工作的前提与基础。具有爱心是班主任必须具备的第一个基本素质。

“爱，惠也。”加惠于人，即怀福人之心，有利人之行。

我校学生来源于初中毕业生。在义务教育阶段，部分学生听的较多的是批评之声，缺少一定的鼓励。针对这样一群学生，在教育上学校和教师要围绕以下几个方面开展工作：一是要让学生消除对教师的敌对情绪；二是学生进入中职学校后，学校和教师要真正做到公平、公正对待每个学生，让公平、公正对待每个学生的教育与管理方式深入学生之中；三是班主任要克服急躁心理，摒弃“有罪推理”的主观思想，不带有色眼镜看学生，让学生能体会到家长、家庭般温暖；四是班主任要主动关心学生，弄清学生的需要，进行有针对性的教育和管理。

爱即加惠于他人，对人对事有深厚真挚感情之义。对一个从未谋面之人，刚接触就立即产生“爱心”确有一定难度，但教师应怀有仁爱之心，这是我校对班主任工作的基本要求。所以，班主任在工作中不管面对的学生表现如何、素质怎样，都要倾注其仁爱之心接纳学生，多听学生倾诉，帮助他们解决问题；在了解学生过去的基础上，认真分析原因，公平、公正对待每个学生；要摒弃先入为主、“有罪推理”的思想面对学生；要尽力做到关心和爱护学生，让学生体会到家的温暖，体会到父母般的关爱。主动关心学生，了解学生的需求，让学生体会到教师的仁爱之心，从而建立起对我校的信任。这是我校要求班主任必须要具备的“爱心”。

我校希望通过班主任的爱心来感化可能犯错误或曾经犯过错误的学生，感动每个学生，并帮助学生克服困难、重拾信心、改变自己。

二、善心：标杆、方向

我校要求班主任把善心作为工作的标杆与方向。具有善心是班主任必须具备的第二个基本素质。

“善，吉也。”善即善良、好心、慈善。善心则形容好心，善良的心意，是一种好的心态，好的思想。

针对我校部分学生基本素质较差的问题，必须在学生中树立标杆，让学生的成长有榜样可以借鉴，学校要求这个榜样就是班主任。班主任应该有良好的品德习惯，应该是为人表率的典范。所以善心在此不单是班主任用善良的一面去对待学生，更重要的一个方面是用自身的良善去影响、去鼓励、去引导学生，成为学生成长的标杆和方向。

孔子曰：“三人行，必有我师焉。择其善者而从之，其不善者而改之。”教师是学生的榜样，教师的良善品德时刻影响着学生。“善心”的确立，一是重视身教，在引导学生过程中传递正能量；二是确立教师是“好教师”、学生是“好学生”的理念；三是客观对待学生，承认学生的差异性。这是我校要求班主任必须要有的“善心”。

我校希望通过班主任的善心来鼓励学生，成为学生成长的标杆和榜样，让学生在我校学习、生活的过程中看到成长的希望，体会到成长的快乐。

三、耐心：钥匙

我校要求班主任把耐心作为打开学生心灵窗口的钥匙，作为与学生有效沟通的渠道。具有耐心是班主任必须具备的第三个基本素质。

耐心，表示不急躁、不厌烦。

在教育管理过程中，当教师们付出了大量精力时，可能收获不大，甚至没有收获，这是一种正常现象，甚至是一种常态。有的教师为改变一个学生，用了三年的时间，在学生毕业时才收获学生的进步，这何尝不是一种成功的喜悦？但三年的付出需要多大的耐心，只有当事人才能体会。在教育学生成长的问题上，为了实现对社会的承诺，为了祖国的未来，我们需要这样的教师，需要这样永不言败、永不放弃的精神。耐心虽苦，成功却甜。

当学生屡屡犯错、屡屡与教师“作对”时，需要教师的耐心作为支撑的力量。当学生因为某些事不愿与教师沟通时，需要教师用耐心想办法让学生开口，想办法弄清楚学生的心声。教师要“蹲下来”与学生交流，站在学生的角度与学生沟通，用换位思考的方法让学生接纳自己，多肯定学生，多鼓励学生，学会从发生的事件中找到对学生有利的方面，帮助学生度过最困难、最无助的时刻。学校要求，不能因为在做工作时碰到困难（有时会发生极其困难的事情），就放弃教育、放弃学生。教师们一定要有强大的内心，需要教师们有把工作做好的内驱力。这些就是我校要求班主任所必须要具备的“耐心”。

我校希望教师用耐心去包容学生，特别是在学生犯错误与其顶撞时，更需要教师的包容，同时也希望教师的包容能让学生得到爱护、善心的对待，真正地健康成长。

四、责任心：使命、担当

我校要求班主任把具有责任心作为教育与帮助学生的使命。具有责任心是班主任必须具备的第四个基本素质。

责任是一种使命与担当，责任是一个人应该做的事情或不应该做的事情，来自对他人的承诺、职业要求、道德规范和法律法规，也是不做好工作应承担的不利后果或强制性义务。责任体现了一个人的心态、态度、原则、风格、习惯、思想，体现了一个人的心智、格局和胸怀，体现了一个人的使命、追求，体现了一个人的世界观、人生观和价值观。

教师的职责是对教学工作负责，关心、爱护学生，尊重学生人格，促进学生在德智体美劳方面全面发展。教师的使命是履行教育教学职责，承担教书育人、培养社会主义建设者和接班人任务，提高民族素质。中职学校的教师要面对部分中职生基本素质相对较差的问题，因此，对教师责任心的要求比较突出，特别是对班主任的责任心要求更加严格。只有真正认清教书育人的责任，才能把责任心转化为使命与担当，并在工作中予以体现。

在实际工作中，责任心起到的是一种保障作用，特别是面对学生屡屡犯错时，面对学生不听劝阻时等，如果简单处置，结果很可能是教师不愿面对学生、学生也不愿面对教师。责任心的保障作用在这些情况下表现得非常明显。

我校希望教师用责任心去帮助每一个犯错的学生，在日常工作中，体现出严谨细致的工作作风。特别是在学生屡屡犯错、不听劝阻时，教师更应保持良好心态，在坚持基本原则的基础上，体现出教师博大的胸怀，尽可能地去转变学生。

五、平常心：境界

我校要求班主任具有不急、不躁、不争、不贪、无愧、从容淡定的平常心，并在日常教育与管理学生中保持平常心。具有平常心是班主任必须具备的第五个素质。

平常心是一种心态，指的是保持平和淡定、不急躁、不浮夸，对待事情既积极主动又顺其自然，不苛求完美又有从容淡定的自信心；平常心是一种态度，它让我们在面对成功和荣誉时，能保持一份谦逊和真诚。平常心是一种生活的态度，也是一种人生的境界。平常心要求我们，对自己做任何事的成功与失败的概率有准确的预测，并且对出现的任何意料之外的结果给予冷静地对待。平常心并非要求面对成败都是无所谓的态度，而是要求积极争取，但是不苛求完美，只要努力了就可以，要有一颗从容不迫的心。拥有了平常心，意味着以一种平和、冷静和稳定的态度对待生活中的日常事务。如此可以帮助我们更好地应对挑战和困难，可以让我们对生活和他人保持的关心和热爱，用一种平稳的方式表达出来。

在中职班级工作中，班主任所要面对的学生、班级具有一定的差异性。由于学生的差异、班级的差异，班级教育与管理难度不一样，所要付出的精力也不一样，最终可能导致收获与心理的期望值差距巨大，这时拥有一颗平常心就显得十分可贵了。收获成功固然可喜，收获甚微也不必灰心，只要所做的工作能让学生进步与成长，哪怕只有一点点，就值得去做。

我校希望教师用平常心去守护每一个学生，在日常工作中充分考虑学生的需求，把个人的荣誉与成功放在次要位置。燃烧自我、成就学生，做学生的引路人，做学生的守护者。

综上，“五心”是我校要求班主任必须具备的五个方面的基本素质，是同等重要的五个方面，没有主次之分，是我校德育工作的基础。我校认为，不具备“五心”者，不能有效地完成班主任工作，不足以成为优秀的班主任。

第四节　德育途径——三座成长桥的架构

我校的德育途径是学生“行为规范、道德品质、人文素质”三座成长桥(简称“三桥”),在润禾“13531”德育体系中用“3”来表述。

途径:路径,比喻方向或方法。

德育途径指实施德育的渠道。德育实施具有多种渠道。政治课、思想品德课是德育课程化的主要形式,负有系统、重点地进行德育的任务。各科教学均具有教育性,在传授文化科学知识的同时,可有机地渗透德育,负起育人的职责。班主任是学生班集体的教育者,要有针对性、灵活地对学生进行思想品德教育。各种课外活动、社会实践、生产劳动以及共青团、少先队、学生会活动均可寓德育于其中。

把学生培养成为中国特色社会主义事业合格建设者和可靠接班人是《中等职业学校德育大纲(2014 年修订)》中的德育目标,在此基础上对学生有以下六个方面的具体要求。①树立实现中国梦的远大理想,牢固树立中国特色社会主义道路自信、理论自信、制度自信,热爱祖国,热爱人民,热爱中国共产党,拥护党的领导。②培育和践行社会主义核心价值观,勤学、修德、明辨、笃实,使社会主义核心价值观成为自己的基本遵循,内化于心,外化于行。养成科学的思想方法。③养成良好的法治意识和文明行为习惯,提高道德素质和法律素质,增强公民意识,依法办事,待人友善。④树立正确的职业观和职业理想,提高综合职业素质和能力,热爱劳动,崇尚实践,奉献社会。⑤养成自尊、自信、自强、乐群的心理品质,提高心理健康水平和职业心理素质,人格健全,乐观向上。⑥树立安全意识、环保意识、节俭意识、廉洁意识,珍爱生命,尊重自然。在践行这些具体要求的时候,根据德育途径是德育实施渠道的这个释义,结合我校实际情况,从学生的成长要素出发,进行拆分、归纳与总结,形成了具有我校特色的学生成长桥,即学生行为规范、道德品质和人文素质交替成长的三座桥梁,它是我校培养学生成长的三个途径,也构成了我校学生成长的立体形象。

一、“行为规范”成长桥

行为规范是社会群体或个人在参与社会活动中所要遵循的规则、准则的总称,是社会认可和人们普遍接受的具有一般约束力的行为标准,包括行为规则、道德规范、行政规章、法律规定、团体章程等。在现实生活中,人们根据需求、好恶、价值来判断他人行为是否符合社会要求,并在此基础上建立维护社会秩序应遵循的标准和原则,引导和规范全体成员可以做什么和怎么做,是社会价值观的具体体现和延伸。行为规范涉及社会学、政治学、经济学、行为学、心理学和伦理学等学科,包含行为、道德、人文等方面的内容。

在学校及社会层面,要求中等职业学校学生应从自尊自爱、注重仪表、诚实守信、礼貌待人、真诚友爱、遵规守纪、勤奋学习、勤劳俭朴、尊敬师长、孝敬父母、遵守公德、严于律己等方面来约束自己的行为。

根据行为规范的定义、学校及社会层面对中职生的要求,结合实际,我校对学生个人行为活动、集体行为活动、将来从事的职业活动、法律法规(含规章制度)活动都提出了具体的要求,制定了相应的成长目标,具体表述为个行定律、群行约律、职行要律、法行铁律,可以理解为：学生在日常学习生活中，个人的行为必须要符合相关制度、章程、法律、法规对个人行为的规定；在集体生活中，要遵守集体对成员行为的规定；在将来从事的职业活动中，要学会遵守职场、职业对员工的规定；在社会活动中，要无条件遵守法律法规的规定，做合格公民。

“行为规范”成长桥不仅有日常行为规范的内容，还有道德品质、人文素质要求的内涵，是我校为学生量身定做的第一座成长桥梁。

二、“道德品质”成长桥

道德品质，也称德性，简称品德，是个人在道德行为中所表现出来的比较稳定的、一贯的特点和倾向，是一定的社会道德原则和规范在个人思想和行为中的体现。

道德，指衡量行为正当的观念标准、对错标准，是在特定生产能力、生产关系和生活形态下自然形成的。一个社会一般有社会公认的道德规范，只涉及个人、个人之间、家庭等的私人关系的道德，称私德；涉及社会公共部分的道德，称为社会公德。道德相对主义者认为，道德和文化有密切关系，虽然人类的道德在某些方面有共通性，但是在不同的时代、不同的社会，往往有一些不同的道德观念；不同的文化中，所重视的道德元素及其优先性、所持的道德标准也常常有所差异；同样一种道德，在不同文化社会背景中的外在表现形式、风俗习惯往往也相去甚远。

品质是人的行为和作风所表现出的思想、品性、认识等的本质，品德是一个人在社会、与他人相处中所表现出来的品质。

道德品质表现在：①道德意识，包括道德认识、道德情感、道德意志、道德信念等；②道德行为，包括道德言语、道德行动和道德习惯等。道德意识引起并调节人们相应的道德行为，道德行为实现、巩固和深化人们相应的道德意识，二者综合构成一个人的道德品质状况。

道德品质包括正直无私、忠诚守信、仁爱互助、勇敢进取、敬业好学、勤劳节俭、谦虚谨慎、遵纪守法、文明礼貌等。

历史上各种伦理学说都根据其所代表的社会或阶级的道德原则和规范，提出相应的道德品质的范畴体系。如中国古代的儒家，提出了以“仁”为核心的，包括“智、仁、勇”“恭、宽、信、敏、惠”“温、良、恭、俭、让”等道德品质的范畴体系。同人的其他品质或品性相比，道德品质的一般特征是综合体现一定社会或阶级的道德要求，高度凝结着个人自觉的意志和信念，并因此表现为道德行为总体的稳定倾向。马克思主义伦理学认为，现实社会关系状况是道德品质形成和发展的客观基础，参加社会实践是道德品质形成和发展的根本途径，个人的主观努力和自我修养是道德品质形成和发展的内在条件。对于共产主义道德品质的形成来说，更应注重参加革命实践、接受共产主义教育和提升自我道德修养。

在中国社会主义时期，最高尚的、最能体现无产阶级和广大劳动人民利益的是共产主义道德品质。

根据上述对道德品质的相关释义，结合实际情况，我校从学生个人的私德、社会公德、国家层面的大德以及政治认同方面都提出了具体要求，制定了相应的成长目标，具体表述为严守私德、恪守公德、深明大德、思政同德，可以理解为：要严格遵守个人、个人之间、家庭等的私人关系的道德；谨慎而恭顺地遵守有关社会公众的安宁和幸福的公共道德；深深地了解和明白热爱祖国的大德；在思想上、政治上认同和接受共产党的领导。

“道德品质”成长桥除了有学生道德品质成长内容外，还有行为规范和人文素质成长内涵，是我校为学生量身定做的第二座成长桥梁。

三、“人文素质”成长桥

人文是一个动态的概念。人文就是人类文化中的先进部分和核心部分，即先进的价值观及其规范。人文的集中体现是重视人、尊重人、关心人、爱护人。简而言之，人文，即重视人的文化。人文追求的是善，给人以悟性，人文中的信仰使人虔诚。

素质指人在平时的修养，分为思想、文化、身体素质，即代表德、智、体三个方面。素质的高低不以人种、地域而划分，任何地方都有素质高和素质低的人。素质代表德、智、体的全面发展。

人文素质指人们在人文方面所具有的综合品质或达到的发展程度。

现代的人文主义，在很大程度上是作为科学主义、金钱拜物教的对立面而出现的。它相对于科学主义，强调的是关注人的生命、价值和意义的人本主义；相对于工具理性或技术理性，强调的是价值理性和目的理性；相对于实用主义，强调的是注重人的精神追求的理想主义或浪漫主义。科学、实用与人文、理想是人类生存和发展不可或缺的两个价值向度。正如孟子所说：“仁义礼智根于心，其生色也睟然，见于面，盎于背，施于四体，四体不言而喻。”人文素质是人对生活的看法，内心的道德修养，以及由此而生的为人处世之道。

人文素质包括四个方面的内容。①具备人文知识。人文知识是关于人文领域（主要是精神生活领域）的基本知识，如历史知识、文学知识、政治知识、法律知识、艺术知识、哲学知识、宗教知识、道德知识、语言知识等。②理解人文思想。人文思想是支撑人文知识的基本理论及其内在逻辑。同科学思想相比，人文思想具有很强的民族色彩、个性色彩和鲜明的意识形态特征。人文思想的核心是基本的文化理念。③掌握人文方法。人文方法是人文思想中所蕴含的认识方法和实践方法。人文方法表明了人文思想是如何产生和形成的。学会用人文的方法思考和解决问题，是人文素质的一个重要方面。与科学方法强调精确性和普遍适用性不同，人文方法重在定性，强调体验，且与特定的文化相联系。④遵循人文精神。人文精神是产生正确的世界观、价值观的基础，是最基本、最重要的人文思想、人文方法。人文精神是人类文化或文明的真谛所在，民族精神、时代精神从根本上说都是人文精神的具体表现。

在人文素质四个方面中，人文精神是核心。人文精神主要表现在：在处理人与自然、人与社会、人与文化的关系时，突出人是主体的原则；在认识和实践活动中，以人各种需要的满足为最终诉求，强调人是目的的原则；在人与物的比较中，突出人高于物、贵于物的特殊地位，强调精神重于物质，人的价值重于物的价值，生命价值优先的人道主义原则和人本主义原则；在人与人的关系中，强调相互尊重对方的人格尊严，突出人人平等的原则。人文素质的形成主要有赖于后天的人文教育。

依据上述人文素质相关释义及相关知识，现代人文素质已远远超出曾经的对人文素质的定义范畴。对于中职生来说，在中职学习阶段，学习现代科学文化知识，掌握一定的成为现代文化人所必须具备的文学类知识，能理解人文思想，掌握简单的人文方法，学会遵循人文精神，那么就达到了中职学习人文知识的目的。我校正是在这样的指导思想下，来培养和提升学生的人文素质。我校不强求每一个学生都能成为人文素质很高的人，但要求学生在人文素质方面一定要达到理解与有所提升的程度，为将来能成为真正的“文人”打下良好基础。从整体层面来说，我校各种类型的教育活动，如课堂基础知识、专业知识的传授，“第二课堂”及活动中相关人文知识的传授等，都为学生的人文素质提升创造了条件。

根据上述人文素质的相关释义，结合人文素质成长要素及实际情况，我校从学生个人的文化学习、技能锤炼、艺术修为、品性陶冶等方面提出了具体要求，制定了相应的成长目标，具体表述为敏学修智、勤学修技、乐学修艺、博学修身，可以理解为：通过文化知识的学习培养提高个人智力；通过勤学苦练提升个人的专业技能；通过参与“第二课堂”、体育运动、文艺活动获得更多技艺；通过广泛地学习，不断陶冶自己的身心、提升个人品德、弘扬大国工匠精神，以达到修养身性的目的。

“人文素质”成长桥除了有学生人文素质成长内容外，还有行为规范和道德品质成长内涵，是我校为学生量身定做的第三座成长桥梁。

综上，我校德育体系中，学生三座成长桥是一个整体的、立体交叉的结构，你中有我、我中有你、相互交叉、相互补充、不可分割，有机构成了学生成长所需的重要元素，有效构成了我校培养学生成长的三个不同而又立体交叉的途径。学生在校三年中，每年、每学期，在成长方面所接受的教育内容侧重点不同，三座成长桥梁，将会伴随学生学习成长的三年。我校希望全体学生能在学校教师，特别是在班主任的帮助和教育下，在三座成长桥梁的引导下，能达成学校制定的德育成长目标。

第五节　德育目标的确立

我校的德育目标是把学生培养成“温雅、良善、知性、达能”的新一代中国特色社会主义建设者和接班人，在润禾“13531”德育体系中用“1”来表述。

目标指个人、部门或整个组织所期望的成果，想要达到的境地或标准。德育目标指受教育者通过德育活动在品德形成发展上所要达到的总体规格要求，即德育活动所要达到的预期目的或结果的质量标准。

中等职业学校德育目标是把学生培养成为爱党爱国、拥有梦想、遵纪守法、具有良好道德品质和文明行为习惯的社会主义合格公民，成为敬业爱岗、诚信友善，具有社会责任感、创新精神和实践能力的高素质劳动者和技术技能人才，成为中国特色社会主义事业合格建设者和可靠接班人。

德育目标制定的主要依据：①时代与社会发展需要；②国家的教育方针和教育目的；③民族文化及道德传统；④受教育者思想品德形成发展的规律及心理特征。

在以上德育目标的释义及制定依据的指导下，根据《中等职业学校德育大纲（2014 年修订）》中的德育目标，结合我校德育工作理念及指导思想、学生成长桥要素等，我校将中职德育目标具体化，确定了把学生培养成“温雅、良善、知性、达能”的新一代中国特色社会主义建设者和接班人的具体的德育目标。

在德育目标表述中，“温雅、良善、知性、达能”是核心内容，这八个字包含了我校对学生的成长期望，也体现了我校在培养与教育学生过程中所做出的努力，是我校德育理念实践的具体体现、德育思想贯彻落实的结果、德育基础践行的指南、德育途径的行动方向。这一目标与德育理念相呼应，与德育思想的指导、德育基础的支撑、德育途径的实施有机结合。教师正确理解德育理念，用德育思想指导工作，努力用心用情做好“五心”德育基础，认真落实学生三座成长桥的德育途径，相信我校制定的学生成长目标一定能达成。

为方便对德育目标的理解，我们将关键的八个字进行诠释：温雅——举止文明、行为雅致；良善——纯朴善良、尊重他人；知性——汲智存慧、化为内涵；达能——练就本领、彰显技能。德育目标总结为一句话：把学生培养成“温雅、良善、知性、达能”的新一代中国特色社会主义建设者和接班人。

第二章 德育实施途径

学生"行为规范、道德品质、人文素质"三座成长桥，是我校培养学生成长的三个途径，构成了我校培养学生成长的整体架构，为我校学生的成长提供了有力保障，为实现德育目标打下了坚实基础。"三桥"德育活动体系，就是德育实施的具体措施。

第一节　"三桥"德育活动体系的背景

2014 年 4 月，教育部在《关于培育和践行社会主义核心价值观进一步加强中小学德育工作的意见》中指出，各级教育部门和中小学校要加强德育规律研究，从中小学生的身心特点和思想实际出发，注重循序渐进、注重因材施教，润物细无声，真正把德育工作做到学生心坎上；要突出知行结合，着力培养学生养成良好的行为习惯，客观真实记录学生行为表现情况，引导学生将道德认知转化为道德实践；要勇于改革创新，探索德育工作的新途径、新方法，定期开展德育教研活动，提升教师德育专业能力。

长期以来，我校非常重视学生德育工作，以立德树人为根本任务，通过数十年的探索，建立了润禾"13531"德育体系，培养学生成长的"三桥"德育途径是德育体系的重要组成部分。"三桥"主要从行为规范、道德品质、人文素质三个方面，不断提高学生的行为规范、思想水平、政治觉悟、道德品质、文化素养、技能水平，从而达成培养德智体美劳全面发展的社会主义建设者和接班人的目的。在实施德育工作的过程中，主要以德育活动为载体，同步落实教育的目标。目前，学校德育活动内容丰富、制度完善，围绕理想信念、中国精神、道德品行、法治知识、职业生涯、心理健康等教育内容，定期开展校园文化节、传统文化进校园、文明风采、技能节、体育节、法治进校园、劳动周等活动。学校遵循学生成长和发展规律，在常规的德育课程的基础上，根据"三桥"培养学生成长所需的要素，对德育活动进行全方位的系统架构、整合完善，构建了一套系统性与整体性相结合的德育活动体系。

第二节　“三桥”德育活动体系的构建与内容

“三桥”德育活动是德育途径实施的具体举措，为有效落实德育目标，“三桥”德育活动体系建立了以发展为宗旨、以目标为引领、以实践为特色、以活动为载体、以评价为保障的指导思想，如图2-1所示。每座成长桥包含四个德育主题，三座成长桥总共包含十二个德育主题，如图 2-2 所示。

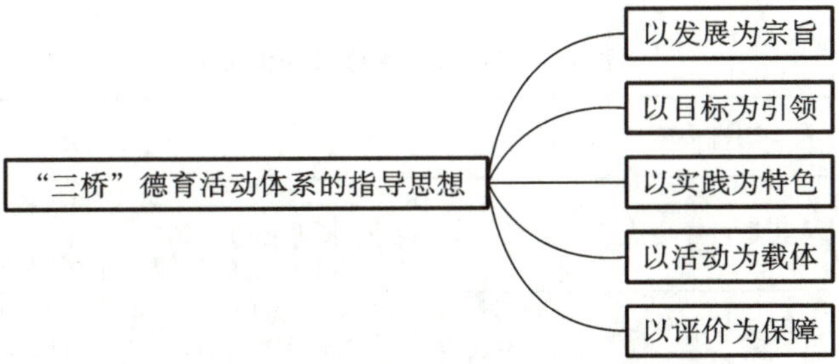

图 2-1　“三桥”德育活动体系的指导思想

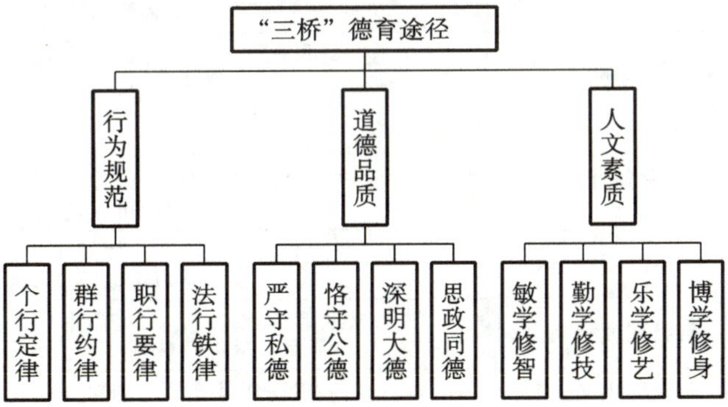

图 2-2　“三桥”德育主题

我校系统组织了相应德育活动，其中包含社团活动、心理辅导、社会实践、志愿服务、技能比赛、家校联系等常规活动，构建了“三桥”德育活动体系，如表 2-1 所示。针对中职学生身心特点和成长规律，“三桥”德育主题按中职三年进行设计，将德育课程安排和学校常规活动有机结合，使得每个学年德育目标有侧重、有延续，形成一个系统性的德育活动体系。三座桥中分别有四个德育主题，四个德育主题按年级不同进行阶梯设计：一年级侧重行为规范，重点针对个行定律和群行约律，包括我遵规我守纪、我爱独特的我、班级制度我来定、共建班级文化圈等具体内容；二年级侧重道德品质，重点针对恪守公德和深明大德进行教育，包括助人为乐、奉献爱心，缅怀先烈、热爱祖国，红色传承、一心向党等具体内容；三年级侧重人文素质，重点针对勤学修技和博学修身，包括专业技能勤训练、劳模精神树榜样、工匠精神我传承、创新创业我参与、技能强国立志向等具体内容。每个德育活动都具有较强的教育性和针对性，为学生的成长提供了有力的帮助。德育内容设计从学生的视角出发，贴近学生在校成长的路径，将社团活动、专业活动、心理辅导、社会实践、志愿服务、家校活动等有机协同链接，设计中职三年的德育活动。“三桥”德育活动体系通过德育中的活动和活动中的德育让学生在行为规范、道德品质、人文素质三个方面得到全面的提升和发展，提高了德育的目标性和有效性。

“三桥”德育活动体系的构建，既保持了德育教育之长，又汲取学科教育之长，两“长”并举。学校德育活动体系化，增强了德育的有效性，打开了德育工作长足发展的新局面。在具体实施时，活动内容要根据教育主管部门的相关要求和学校实际工作重点进行动态调整。

表 2-1 “三桥”德育活动体系

“三桥”德育途径	德育主题	德育内容	典型活动
行为规范	个行定律（一年级）	我是校园主人	“开学第一课”“你我构建和谐校园”“校园剪影”“学长带我逛校园”“美丽校园 共同爱护”“我的校园 我的青春年华”
		我遵规我守纪	“学工匠风骨 立仪表精神 做职教铁军 圆中国梦想”“没有规则不成方圆”“规则之内的自由”“我学习，我践行，我快乐”
		我的健康生活	“拒绝歧路沉迷，守护少年的你”“合理规划，不做‘手机控’”“合理消费，赢得自我”“自律人生，健康成长”“放下手机，健康成长”“手机防沉迷”“生活习惯”“学习习惯”“我运动，我健康”“在体育锻炼中悦心强体增意”“行为规范养成之学习习惯”
		我是文明之星	“文明上网我先行”“重习惯、树形象，做个文明的中职生”“文明礼仪伴我行”“文明上网你我他”“拒绝网络暴力，共享文明生活”
		我爱独特的我	“关注心理卫生，悦纳自我”“让我们撑起一把青春伞”“欣赏自我”“悦纳自我”“保持距离，与他/她同行”“直面挫折，逆风飞扬”
	群行约律（一年级）	学校制度我遵守	“我的职校新生活”“以规矩之帆助航技能发展”“学习学校学生手册”
		班级制度我来定	“人人献策 人人参与 人人管理”民主制定班级管理制度（包括考勤制度、量化考核制度、值日制度、手机管理制度等）
		共建班级文化圈	“我的班级我布置”班级文化建设、展示比赛
		“我的地盘”我做主	“最美寝室”“最美教室”评比
		劳动课程创美好	“青春在劳动中闪光”“走进收纳的世界”“厨艺我来秀”
		安全教育居首位	“预防溺水，珍爱生命”、“安全伴我行”VR安全智能体验、“反校园欺凌，建立平安校园”、“向毒品说‘NO’”
	职行要律（二年级）	职业理想筑我梦	“我是一名专业人”“职场达人秀”“职场榜样我学习”“燃起心中那团火，照亮精彩人生路”
		职业责任规我行	“强化安全意识，提升安全素养”“学习各行业职业法规”“强化安全意识，做信息安全小卫士”
		职业要求进我心	学习企业管理要求、各实训室规章制度
	法行铁律（三年级）	法制教育伴我行	“做网络智者，辨网诈真相”“心中有‘界’，手中有‘戒’”“守法遵规护青春”“反校园冷暴力欺凌——不做伤人的雪花”“让我们吹响法律的号角”
		法治实践在行动	开展一次实地参观活动（戒毒所等）

续表

"三桥"德育途径	德育主题	德育内容	典型活动
道德品质	严守私德（一年级）	加强修养、自尊自爱	"入学心理测试——认识自我""拒绝校园欺凌，成就花样少年""花开有度，青春不负""俭以养德，合理消费"
		诚实守信、言行一致	"诚信立身，诚信立行""树诚信之风，创文明校园""诚信之光，照亮成长之路"
		宽容大度、与人为善	"与人为善，友善待人""道德讲堂""友善待人，拥抱美好人生"
		友好交往、礼貌文明	"你好，同桌""我的同学我珍惜""汉服礼仪节""十八岁成人礼"
		孝敬父母、尊老爱幼	"孝老敬亲，逐德之本""我是家庭的一分子""我的生活有点'甜'""感恩从家出发"
	恪守公德（二年级）	遵纪守法、规范言行	"我来学宪法""民法典我知道""学习未成年人保护法"
		助人为乐、奉献爱心	"青春心向党，志愿新征程"志愿服务活动、"树立社会主义核心价值观，争当文明中职生"
		爱护公物、保护环境	"一起守护公物""校园环境我保护""环境保护，我要加入""俭以养德，合理消费""守护行动——我为地球减点负"
	深明大德（二年级）	缅怀先烈、热爱祖国	"传承红色基因，弘扬爱国主义精神""厉害了，我的国""国旗下的讲话""清明节祭英烈""缅怀先烈、清明祭扫""国家安全，人人有责"
		红色传承、一心向党	"育工业良将，助高质远航"——学习二十大精神主题活动、"青春心向党，青年行向党"、"悦读伴成长，合作促共赢"职教学生读党报活动
		敢于担当、乐于奉献	"我在图书馆做服务""感家国之爱，担民族复兴大任""弘扬北京东奥精神，担民族复兴大任""守正创新，勇担使命"
	思政同德（三年级）	坚信理想、道路自信	"我的中国梦"、"喜迎二十大、永远跟党走、奋进新征程"、"我与祖国共奋进——国旗下的演讲"特别主题团日活动
		坚持学习、理论自信	"党的青年运动史"学习活动、"党的信仰赋予我青春力量"报告会、"学党史 忆峥嵘 化动力"、"建党百年新开篇，青春奋斗正当时"、"创新筑梦，担民族复兴大任""踔厉奋发，做有为'芯'青年"
		坚定信念、制度自信	"感恩祖国，担民族复兴大任""我们一起学党史""习近平新时代中国特色社会主义思想主题教育""促民族团结，铸一体精神"
		坚守传统、文化自信	"传承优秀传统文化，同心共筑中国梦""传承中华优秀传统文化""优秀童谣征集与传唱""歌颂传统文化，传承中华文明""与国宝对话，立文化自信""多姿多彩中华家""传承优秀传统文化，同心共护国家安全""传统文化代代传""向美而行——探梨园英秀之美"
人文素质	敏学修智（一年级）	学习目标我来定	"学长说专业""家校齐协力""目标我来定""追逐梦想，规划先行""学如弓弩需强拉，才如箭镞中心靶"
		学习方法共分享	"兴芯班行为规范养成之学习习惯""在互助奋斗的班风中节节升高""家校技能共观赏"
		学习成果我收获	制定个人升学规划、实训创新展示、优秀毕业生座谈、参观合作院校
	勤学修技（二年级）	职业规划提前做	"追逐梦想，规划先行"
		专业技能勤训练	"专业初步了解"主题班会、"启明学堂，彩虹人生"优秀毕业生事迹报告会、"写给2035年的一封信"
		技能竞赛"试牛刀"	"你好面试官""令人心动的offer""职业生涯规划设计竞赛"

续表

“三桥”德育途径	德育主题	德育内容	典型活动
人文素质	乐学修艺（三年级）	“第二课堂”放光彩	开展社团的宣传、成果展示活动，评选仪表校园形象大使（品秀仪美）
		文化艺术展风采	校园文化艺术节——合唱比赛、才艺之星选拔赛
		享受运动强体魄	举办广播体操、运动会、校级篮球赛等活动
		我是最美中职生	“提高审美情趣，促进全面发展”“弘扬诗词之美，以美育人”“花开有度，青春不负”“乘青春之光，绽生命之彩”“负青春之责任”
	博学修身（三年级）	劳模精神树榜样	“学生干部培训大会”“弘扬航天精神，担民族复兴大任”“航天梦，强国梦”“劳动创造美”
		工匠精神我传承	“今研技能工匠魂，明展报国凌云志”“未来工匠说——奋进的力量”“弘扬工匠精神，担民族复兴大任”“弘扬工匠精神，做精益求精‘芯’青年”“为冬奥加油，做中职达人”
		创新创业我参与	“让青春在创新创造中闪光”“坚持守正创新，勇担时代使命”“弘扬创新精神，担民族复兴大任”“‘芯’青年 创实力”、我青春，我创新”“创客空间”
		技能强国立志向	“追逐梦想，规划先行”“技能报国，强国有我”“技能成才，强国有我——我与祖国同向同行”
		社区服务显技能	“榜样引领，志愿服务我践行”“电子设计创新比赛”“电气控制板制作比赛”“照明电路设计创新比赛”“服务传温暖，奉献绽光芒”

第三节　“三桥”德育活动的目标设定

中职一年级：针对学生从初中阶段过渡到中职阶段，重点开展下列教育活动。在行为规范方面，开展行为习惯的养成教育，包括生活、学习习惯，培养学生遵规守纪、文明有礼的行为习惯；在道德品质方面，开展悦纳自我教育、严守私德教育；在人文素质方面，开展专业规划、专业认知教育，为专业技能的学习打下基础。

中职二年级：在行为规范方面，开展职业规则、职业要求教育，让学生建立职业意识；在道德品质方面，开展恪守公德、深明大德教育，培养学生践行社会主义核心价值观、厚植爱国主义情怀；在人文素质方面，开展勤学修技、拼搏奋进、提质赋能教育，培养学生奋进奋斗的精神，使学生付诸行动，扎实提升技能水平，树立技能报国、强国有我的信念。

中职三年级：在行为规范方面，开展法制教育、法治实践活动，培养学生的法治意识，做一个合法公民；在道德品质方面，开展思政同德、中华传统文化传承教育，让学生坚定和增强“四个自信”，自觉维护和传承中华优秀传统文化；在人文素质方面，开展职业（升学）规划，劳动精神、创新精神教育，开展精进技能、增强责任感和使命感教育，使学生提升自我、德技双修，为技能高考和“3＋2”转段考试做好思想和知识上的准备，以实现个人近期奋斗目标。

第四节 “三桥”德育活动体系的特点

我校“三桥”德育活动体系具有系列化、标准化、体验化、时代性、专业性、可评价六个特点，如图 2-3 所示。

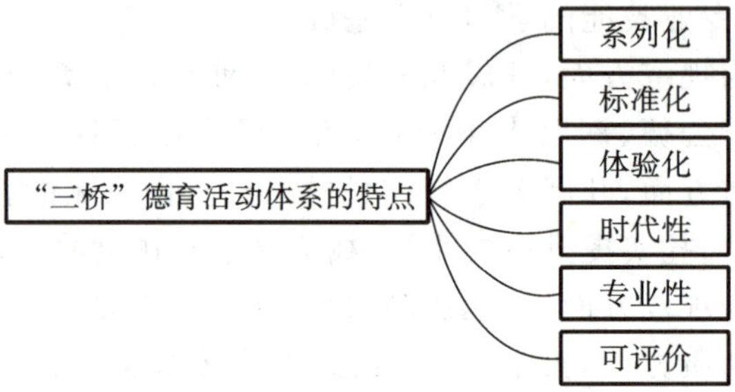

图 2-3 “三桥”德育活动体系的特点

一、系列化

学校根据《中等职业学校德育大纲(2014 年修订)》要求，结合学生中职三年成长规律，整合德育内容，对“三桥”德育活动体系进行了三年阶梯发展的整体设计，开发出十二个德育主题，针对德育内容设计了典型活动，各成长桥目标循序渐进、不断深入，形成系列化的德育活动内容，贯穿至学生在校的三年学习、生活的始终。

二、标准化

“三桥”德育活动体系目标为德育活动课程化、活动课程标准化，使德育活动体系更加系统、规范、科学、标准。“三桥”德育活动，是在活动化、体验化、参与性基础上，借鉴学科教育之长，结合课程设计要素(教材分析、学情分析、课程目标、设计思路、具体实施、课程评价)，依据指导思想(活动内容相关的上级文件)、班情分析、活动目标，按照知情意行四个维度设计的以学生为主体的活动。学校组织整合活动资源进行实施、评价、反思，形成一系列标准的教育活动方案。

三、体验化

苏霍姆林斯基说过：“要知道真理只有在被学生理解，亲自体验，并成为他们自己的信念之后，才能真正成为其精神财富。”道德教育的实质就是造就德育主体，造就具有自主道德意识、道德行为的社会成员。“三桥”德育活动突出学生主体的参与性，让学生在实际学习、生活中体验和领悟，达到浸润内化的德育效果。德育活动设计把学生作为目标主体和过程中的主要参与者。活动主题的具体目标，以学生现阶段的道德水准为基点，结合学生提出的合理要求，并引导学生参与设计，体现了主题层级清晰、活动内容合理、教育方法合适的特点。活动设计充分发挥学生在道德教育过程中的主体性，培养学生的道德选择能力，使学生将德育要求内化于心并付诸行动，促进学生的成长。如在“合理规划，不做‘手机控’”的活动设计中（见图 2-4），每一个环节都体现如上所述的特点，整个活动贴近实际、贴近生活、贴近学生，充分关注学生的体验感，让学生在体验中感悟、在感悟中成长。

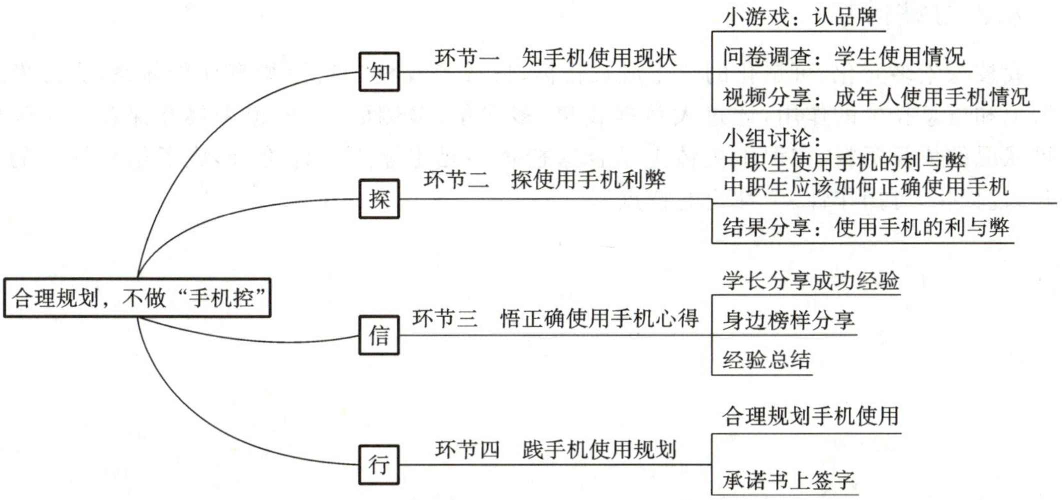

图 2-4　“合理规划，不做‘手机控’”活动设计

四、时代性

中等职业学校德育工作要遵循方向性和时代性相结合原则，要坚持正确的政治方向和育人导向，紧密结合社会需要和时代发展的要求，增强针对性和实效性。我校“三桥”德育活动，是在注重时代性、充分了解和掌握我校学生特点的基础上，依据德育工作的规律与原则，遵循学生身心发展的规律，进行的科学合理的安排，为学生建立正确的世界观、人生观和价值观起到了引导作用。比如在关于文化自信的活动设计中，我校设计了“传承优秀传统文化，同心共筑中国梦”活动，活动中让同学们搜索自己喜爱的传统文化，展示汉服、书法等，宣传中国优秀传统文化；然后在“传统文化我传承”环节中进行猜字谜、辨剧种游戏；最后在拓展环节进行“同心共筑中国梦”主题演讲、分组绘制中国地图（要求把少数民族聚集地在图中标识出来），通过这一系列活动让同学们认识并了解中国文化、热爱中国文化，达到文化自信的目标。

五、专业性

“三桥”德育活动的设计紧密结合专业特点，从专业人才培养方案中的培养目标入手，设计活动方案。如在学习二十大精神主题活动中，工业机器人专业班级设计了一堂“育工业良将，助高质远航”的班级活动。本次活动背景为：习近平总书记在党的二十大报告中明确指出，要加快构建新发展格局，着力推动高质量发展，强调高质量发展是全面建设社会主义现代化国家的首要任务。要推动高质量发展，首先要提高全要素生产率，而工业机器人技术运用最主要的作用就在于提高生产率，从而提升生产力水平。因此，工业机器人专业的学生，在实现高质量发展的道路上必将大有可为。本次班级活动设计，紧密结合自身专业，将二十大精神与专业发展相结合，让学生了解高质量发展的定义与时代发展要求，产生提高技能、助推高质量发展的心理认同，形成为实现高质量发展贡献青春力量的愿望，把提高技能、助推高质量发展作为自身成长路径，以高标准、高要求来提升自己的知识水平和技能。

六、可评价

我校探索多元化、可量化的学生成长目标，形成了我校“三桥”德育评价体系；充分发挥大数据和信息技术的作用，通过大数据收集，多视角、多侧面、多渠道采集并保存反映学生发展状况的成长资料，在评价主体上结合家校企多元主体进行评价，形成了德育评价的信息化、过程化、可操作性、个性化的特点。

第五节 “三桥”德育活动可持续性发展

我校德育途径的实施，符合中职生核心能力发展的需要。寓德于活动是德育工作自身的一条基本规律，只有按照这条基本规律，才能从根本上确立德育工作在学校的重要地位，有效发挥德育工作的重要作用。我校创建“三桥”德育途径，构建“三桥”德育活动体系，制定德育主题，对德育内容和形式进行整合，使得德育活动系列化、标准化、体验化、时代性、专业性、可评价落地落实，教育内容丰富多彩，活动形式灵活多样，目标多元整合，层次衔接有序，同时每一次活动能完整、和谐、富有弹性、具有人性化氛围，使德育发展成为一种自然、愉快的过程。我校德育活动的开展，实现了德育的潜移默化作用，让学生在行为规范、道德品质、人文素质系列化活动中，能逐步提高，达成德育目标。

“三桥”德育活动体系，重视德育主题的系统整合、过程的有效衔接，分层实施、循序渐进、整体推进，强化学校德育活动的时代性、创造性、实效性。德育活动的系列化促进了学校德育活动的整体化、科学化、规范化建设。学生参与活动的积极性、主动性不断提高，班主任开展德育活动的意识和能力得到显著提升。德育活动让学生置身于德育实践，把德育的被动接受变为主动体验，把以“说”为主的德育变为以“做”为主的德育，实现文化育德、知识养德、行为铸德的有机统一，促进学生行为规范、道德品质、人文素质三方面的可持续发展。

第三章 学生成长之“行为规范”成长桥

第一节 “行为规范”成长桥的目的及意义

所谓规范，就是规则和标准。规，尺规；范，模具。无规矩不成方圆，失规范不成秩序。行为规范是公认行为规则的总称，狭义的行为规范其实就是行为规则，行为规则是行为规范的具象表现形式，行为规范的养成在某种层面上来说就是好习惯的养成。

我国著名教育学家叶圣陶曾说过：“教育是什么？往简单方面说，只需一句话，就是要养成良好的习惯。”由此，中职生行为规范养成的核心是培养中职生遵守行为规则，养成良好行为习惯。

在我校德育途径的构架中，行为规范、道德品质、人文素质构成了学生成长三个方面的途径，其中行为规范的养成是起点、是根基，更是底线，它贯穿于学生三年的中职学习与生活。

行为习惯是个人素质的外在表现，是可以通过反复练习、不断强化，在长期积累中养成的一种定型行为，而后转化为自身的心理需要（自我实现需求）。行为习惯具有相对稳定性和自发性，时间越久，越难在外力的作用下发生改变。因此，良好习惯的养成是促进学生健康成长的重要条件，是教会学生做人的核心和基础，是中职德育工作的重要任务。

学生时代是培养良好行为习惯的最佳时期，学校要依据中职生实际情况，发挥学校教育“主阵地”作用，引导学生养成良好行为习惯，从而达成把学生培养成社会主义合格公民、高素质劳动者和技术技能人才、中国特色社会主义建设者和接班人的目的。

第二节　“行为规范”成长桥的内容与典型案例

中职生是一个特殊的学生群体，正经历着心理上的“断乳期”，面临着一些发展方面的问题。中职生内心有梦想、有希望，他们梦想有一天，自己能成为一个对社会有用、有价值甚至是有巨大贡献的人才，希望被社会、学校、教师、同学、家长肯定与接纳，并在取得成绩时得到赞赏。然而，极度的自卑感与强烈的自尊心交织一起，在内心冲突的作用下，一些中职生在校的表现令人担忧。所以，从学生进入中职生活的第一天开始，重视他们良好习惯的养成就显得特别重要。培养学生良好行为习惯，就得从培养学生的个人素质、团队意识、职业素养、法制观念开始，并贯穿于三年中职生活的始终，而这一切的开始都来源于对行为规范的遵守。

毛泽东指出：“加强纪律性，革命无不胜。”纵观世界革命和中国革命，取胜的重要法宝在于铁一般的纪律。如果没有堤坝的约束，家园将会被洪水冲毁；如果没有缰绳的约束，庄稼将会被牲畜踏坏；如果没有各种规则的约束，城市秩序将会被冲击；如果没有交规的约束，交通安全将会被颠覆；如果没有工作纪律的约束，工厂生产将会被搁置。夸美纽斯说：“学校没有纪律，便如磨坊没有水。”的确，学校倘若没有纪律的管控，将乱象丛生，学生们我行我素，犹如一盘散沙。没有纪律的约束，学生可能会成为脱缰的野马、麻烦的制造者、社会的危险品。

学生行为习惯的养成不是一两天就能够完成的，需要通过长时间的积累、长期的打磨才能形成较为确定的行为习惯。把学校与社会确定的、学生认同的良好行为变成习惯是我校的德育目标之一，是学生成长的一座桥梁。要实现这样的既定目标，就需要全体学生按照学校要求，坚持做一个有良好行为习惯的自己！

从克服自身不良行为习惯开始，坚持做一个有良好行为习惯的个体，说起来容易做起来难。为解决“做起来难”的问题，“行为规范”成长桥建立了个行定律、群行约律、职行要律、法行铁律四个德育主题。围绕四个主题，开展“开学第一课”、军训教育、课堂学习、实习实训、班会教育等多种形式的德育活动，为同学们行为规范意识的提高指明了方向与路径。

一、个行定律

个行定律是从素质教育出发，帮助学生在社交活动、校园生活、集体活动中达成的他人认可的个人规范行为的教育活动，从而使学生具备较强的社会责任感。

材料阅读

发生在课堂中的场景

课堂上大家在抬头认真听讲时，有几个人低着头，沉迷在手机世界里；就餐时井井有条的队伍中，突然插入几个趾高气扬的身影；在公共场所中故意脚踢垃圾桶、踩踏桌椅、涂鸦墙壁；在寝室里不顾别人，大声喧哗……有些同学抬起下巴，嘴巴中哼出几个字："个性，懂不？"

个性亦称人格，指个人的精神面貌或心理面貌，来自拉丁文"persona"，原指演员所戴的面具，后来引申为人物、角色及其内心的特征或心理面貌。著名心理专家郝滨先生认为，个性是不断进化和改变的，是人从降生开始，生活中所经历的一切总和。

当我们呱呱落地的时候，就踏上了挑战自我的征程；当我们咿呀学语时，就开始了自我价值的追求；当我们独自撑起一片蓝天时，也就懂得了实现自我的重要。在挑战自我的征程上，为了获得更多的生存空间，就要不断地超越自我。

另外，有必要提一下，个性不等于不守纪。

宝剑锋从磨砺出，梅花香自苦寒来。守纪律是建立在讲规矩基础之上的。不讲规矩，纪律将失去支撑；不守纪律，规矩将难以维系。自古以来，规矩就是一种约束、一种准则、一种标准、一种尺度，更是一种责任、一种担当、一种风范、一种境界。常言道：国不以规矩则乱，家不以规矩则殆，人不以规矩则废。中职生如果不懂规矩、不讲规矩、不用规矩、不守规矩，就要出问题，就会栽跟头。

讲究个性与实现自我价值，是现代社会的特征。每个人都渴望发扬个性，但我们是生活在社会这样一个大集体中的，无人能脱离现代社会生活而独立生存。大环境给了我们一个生活规范，这就是纪律。纪律约束的不是个性，而是散漫的惰性；纪律不是限制了自由，而是保护绝大多数人的自由。校园正是这样一个纪律空间，个行定律正是为了培养学生个人生活、学习方面的良好习惯而制定的。

正如桥墩由钢铁、砂石、水泥等不同材料组成，个行定律同样需要从不同方面考虑，在结合学生实际情况的基础上，我校确定了五个成长渠道。

①我是校园主人。部分中职生由于缺乏自信心，认为到中职学校后是被动的个体，所以对主人的理解存在一定的偏差。学校通过"开学第一课""你我构建和谐校园""校园剪影"等活动培养同学们的主人翁精神，让其通过自我管理、自主思考，发现自己意识上的疏忽、行为上的不足；通过参与各种类型的教育与活动，达成自主、自愿、自觉改进自身不足的目标，最终融入集体，爱小家也顾大家。

②我遵规我守纪。遵规守纪指遵循国家法律法规和组织纪律，积极主动地执行各种规章制度，坚守正义道义，坚持言行一致，维护社会公平正义的一种行为方式。在社会生活中，无论是个人还是组织，都需要遵规守纪，这是实现生活幸福和社会进步的重要基础。学校利用开学教育、国防教育的机会让同学们明白，时刻审视自己的一言一行，时刻遵守学校的一规一纪，是学生责无旁贷的义务；努力提高遵守校规校纪的能力，做一名严于律己的合格学生，从"要我做到"到"我要做到"直至"我能做到"。

③我的健康生活。健康生活从培养有益于健康的行为习惯开始，提倡克服不良嗜好，讲究个人、环境和饮食卫生，讲科学、不迷信，积极参与有益健康的文体活动和社会活动。学校从消费、娱乐、学习、运动等方面入手，提倡健康生活，合理消费、放下手机、加强运动、增强体质、做好规划；在循序渐进和潜移默化中培养同学们良好的生活习惯，使其为三年中职学习生活打下健康的基础。

④我是文明之星。文明是使人类脱离野蛮状态的所有社会行为和自然行为构成的集合。文明之星本意指文明自律、有礼貌的个体。文明自律指个体在日常生活中自觉遵守社会道德规范，积极参与社会公德和公共事务，并能约束自己的行为。礼貌是一个人的思想

道德水平、文化修养、交际能力的外在表现，是人类为维系社会正常生活而共同遵守的最起码的道德规范。文明礼貌体现着自身的人格魅力，是一个人在长期的学习、工作、生活中磨砺、修炼出来的，是精神境界的缩影。因此，中职生要从我做起，礼貌用语、文明生活，与不文明语言、不文明行为划清界限，让校园充满和谐的气氛，着力营造讲文明、有礼貌的学校环境，倾力打造环境文明、个人有礼、整体和谐的中职校园。

⑤我爱独特的我。独特指特有的、特别的、独一无二的、与众不同的。每一个人都是独一无二的个体，让自己成为与众不同的、有独特才华或能力的人是每一个人都应建立的信念。“我相信、我能行”是对建立自我信心的鼓励。学校提倡学生都能了解自己、悦纳自我、扬长避短、激扬青春；要求学生自信而不自傲，耀眼而不炫目；打造让学生在学习、运动、生活、才艺各方面展示自己风采的舞台，为同学们自信心的成长提供优良的环境和条件。

典型案例

“我的健康生活”之手机的正确使用

（一）案例背景

随着信息时代的到来，手机已成为人们必不可少的生活学习工具，中职学校学生的手机拥有率很高。手机上游戏、视频网站铺天盖地，自律性不强的学生容易沉迷于网络与游戏中，大量的时间浪费在手机的不合理使用中，导致学业荒废；再加上学生的日常生活中鲜有比手机更吸引他们兴趣的东西，久而久之，手机依赖症就在无形中形成了。其实智能手机对于中职学生而言，本是一大福音，它使得网络更加贴近学生的生活。通过智能手机，中职学生可以随时随地得到自己所需要的信息。但从整体上来说，由于不合理的使用和管理上的不确定因素，中职学生拥有智能手机后，在使用上是弊大于利。因此，在中职生活中，引导学生合理、正确使用手机，合理分配时间，养成良好作息习惯，是行为规范培养的重要内容之一。

（二）情景再现

W 老师是一名中职学校班主任，所带班级是学校一年级电子专业班，刚接手班级时就有许多家长在微信群内留言，希望老师能严格管理手机，并说自己的孩子曾因为沉迷手机，学习成绩大幅度下滑。一部分家长表示，因为孩子是在外地求学，不得不给孩子配备手机作为联系工具，希望老师如果发现孩子用手机进行娱乐活动时要及时制止；个别家长甚至说发现孩子用手机玩游戏时，可以直接将手机摔碎，老师不用承担责任。

在了解了家长的诉求后，W 老师表示需要一段时间对学生进行观察，暂时不对学生使用手机采取特别的管理方法，过段时间后根据实际情况再采取相应措施，并希望家长能和班主任配合，齐抓共管，家长们纷纷表示赞同。

经过一个月的时间，W 老师已经对班级学生使用手机情况有了大致的了解，并和同学们达成了初步的信任感，为进一步了解班级学生手机使用的现状，采取不记名问卷调查的方式，在班级内收集相关数据，共发出调查问卷 52 份，回收有效问卷 52 份，真实性比较可靠。总结数据如下。

①所有学生都拥有手机，所有手机均为智能手机；手机价格在 1000～2000 元之间的占 65%，在 2001～4000 元之间的占 20%左右，4000 元以上的占 15%左右。

②学生为了满足各种网络需求，会花费很多的时间在使用手机上，如在社交平台上发布信息、玩游戏、浏览短视频社区平台等。调查中有28%的学生承认会偶尔在课堂中使用手机，有68%的学生则经常在课堂上偷偷使用手机。其中，使用手机查阅资料的占15%，与学习无关的使用则占85%。有80%的学生承认有熬夜上网的经历。

③调查结果显示，95%的学生选择各类社交平台交友，30%的学生选择听歌、浏览短视频等作为娱乐活动，60%的学生经常用来打游戏，100%的学生使用手机进行购物；主要用来打电话的占8%，用来阅读新闻资讯的占4%，用来解决学习问题的占8%。从这些数据中发现，学生对手机的使用并不符合父母购买手机的初衷，而是把网吧“搬进”了学校。

④调查结果显示，100%的学生拥有QQ相册或微信“朋友圈”，经常上传个人生活信息；有35%的学生上传过定位信息；有16%的学生承认浏览过不健康的内容，也传播过部分不健康的图片或链接；有15%的学生做过偷拍，甚至故意将“恶搞”的情景拍下来发到网上，侵犯他人的合法权益。

⑤调查发现，80%的学生反映不知道如何使用手机为学习和生活服务，也不知道有哪些网站可以获取与专业相关的知识，缺乏正确的健康上网指导。

（三）案例分析

根据调查数据和平时沟通交流，W老师总结出本班学生使用手机的原因。

①追求潮流与时尚。手机作为一种现代科技产物，以其特有的魅力，成为大众新宠。青少年学生因为易接受新事物、急于享用最新科技成果、极具表现欲和乐于炫耀自己，所以青睐手机，认为使用手机是一种潮流与时尚。

②沟通与联络。家长之所以给学生买手机或默许学生带手机，主要目的还是在于随时掌握孩子的动向，随时了解孩子的学习、生活。对学生来说，手机有利于与教师沟通、倾诉，用手机交流既能使学生说出心里话，避免与教师面对面交流时出现胆怯和尴尬，又能增进师生情感。

③上网娱乐与交友。中职学生正处在青春期，对新鲜事物十分感兴趣，好奇心和求知欲促使他们接触手机和网络。学生通过手机游戏开发智力，通过音乐陶冶情操，通过交友传递真情，通过观看娱乐视频放松心情等。

但手机带来的负面影响不小。

①影响生理健康。长期不正确使用手机，导致班级学生近视率较高，班级中有四成学生佩戴眼镜或有近视趋向。另外，由于沉迷手机游戏，班级学生运动量普遍不足，身体素质堪忧。开学体检中，学生身体素质比以往学生整体有所下降。

②影响心理健康。虽然通过手机的上网功能，学生可能获得更广阔的视野，但是学生的世界观、人生观、价值观尚未成熟，在完全开放式的网络资源面前，各种不良信息也在不断地冲击着学生的思想，对学生的心理健康产生极大影响。有少数学生因为过度使用手机交流，导致日常沟通能力下降，甚至出现抑郁症状。

③影响学业。由于可以利用手机上网直接获取作业答案，部分学生对听课越来越不上心，上课不认真听讲、不愿意思考，学习能力堪忧。部分学生不管白天晚上，课上课下都不停地使用手机，几乎达到痴迷的程度。尤其一些住校的学生，晚上熄灯后，还在玩游戏、浏览短视频，一直到半夜甚至通宵达旦，这些都严重地影响了他们的正常学习生活和身体健康。

（四）解决策略

在掌握了以上资料后，W老师采取了如下措施。

①在班级组织召开了正确使用手机的主题班会。请两组同学收集资料，分别举例说明手机给同学们带来的帮助和害处，而后组织同学们讨论，得出结论：手机是工具，可以使用，但不能滥用；可以娱乐，但不能沉迷其间。

②在充分讨论的基础上，组织同学们制定手机使用公约：上课期间不得使用手机（老师组织教学除外），手机交由学生干部统一保管；课后使用手机要注意影响，不要干扰别人正常学习和休息；住校生晚间十点关闭手机，早上六点半前不得开启手机，寝室同学相互督促（家长也参与监督），如有违反，接受相关纪律处罚，多次违反者联系家长将手机收回，不得带入校园。

③普及网络安全知识、相关法律常识，使学生合法合规使用手机，避免网络诈骗陷阱或使用手机参与网络违法事件。

④召开线上或线下家长会，与家长沟通获得支持，家校共同监督引导，形成合力。

⑤积极组织学生参加学校体育活动，培养学生参与活动兴趣，转移注意力，客观减少手机使用时间。

⑥对少数重度沉迷手机的学生重点关注，建立帮扶小组，内外合力帮助其摆脱手机依赖。

（五）干预成效

经过大半年的坚持，班级学生使用手机情况良好，少数重度手机沉迷者也能遵守手机使用公约。由于增加了班级活动频次与时间，减少了手机使用频率，学生身体素质相应提高，在校运动会上为班级赢得不少荣誉。W老师在与家长沟通后了解到，学生沉迷手机情况明显减少，家长对学校的管理措施纷纷表示赞同和肯定，并感谢班主任的付出与努力。

（六）经验反思

手机作为现代网络工具，已经与生活密不可分。在中职班级管理中，对于手机的管理是一个现实的“老大难”问题，如果班主任缺乏工作经验、手段单一，往往会从一个极端走向另一个极端，从单纯的高压禁止成为放任自流，最终导致班级管理崩盘，无法收拾。

因此，在日常班级管理中，要立足现实、了解学生实际，提高学生自我约束与管理能力。班主任一定要在班级中营造积极向上的氛围，团结大多数，重点关注少数“困难户”，提高班级整体的管理质量；在与学生交流沟通中，要注意方式方法，既要严格要求，又要耐心细致地做思想工作，柔而不弱、严而不苛，走进学生心中，成为一名学生既敬又爱的好老师。

二、群行约律

群行约律是利用多种形式的教育来培养学生的集体主义、团队意识、主动参与的意识，从而达成在社交活动、校园生活、集体活动中遵守学习纪律、生活纪律、社交规则的教育活动。在集体活动中，要引导学生们在心理上相互认同、产生归属感、增强集体意识，严于律己，维护集体荣誉；激发全体成员行动力，引导个体最大限度地为实现集体目标、共同价值而不懈努力与奋斗，形成团队意识。

材料阅读

2022年8月17日以来，重庆涪陵北山坪突发大火。18日，南川出现火情；19日，江津区也发生山火。在各方努力之下，至20日，涪陵、南川山火的明火被扑灭。但21日巴南又突发山火，22日北碚也突发山火火情。自8月17日始，在短短的一星期内，重庆的山火，接二连三地发生，扑灭了一处，又起一处。

火灾无情人有情，就在重庆发生灾情的时候，出现了一条靓丽的风景线，一群由青年摩托车手自发组成的摩托车队出现在抗灾救灾现场，他们给前线送去了灭火器、砍刀、头灯、油锯、汽油、柴油、食物等物资。

重庆好男儿，在灾情面前，舍小家顾大家，一趟一趟来回奔波，顾不上43 ℃的高温炙烤，顾不上空气中飞尘的危害，更顾不上自己生命的危险。在关键时刻，他们挺身而出，体现出了强烈的集体主义精神。在消防官兵和重庆人民的日夜艰苦的努力奋斗下，重庆各处的森林明火全部被扑灭！中国人有着与生俱来的集体主义精神，我们的英雄不在“好莱坞”，我们的英雄在人民中间。

一枝独秀不是春，百花齐放春满园。集体强调的是整体性，而这种整体性就表现在集体成员行为、感情和认识上的一致性。群行约律正是这种一致性的要求与准则，它统一着集体中成员的意见和看法，调节着他们的行为。没有群行约律，集体也就失去了其整体性，集体便不复存在。从另一方面看，集体是由许多个体组合而成的，要维持其整体并使其存在下去，就需要有一定的准则来约束组成成员，而成员也正是依据对准则的认同，形成一个整体。群行约律的一致性越具体、细致，成员的活动就越协调，关系就越密切，集体就越整合、越集中，也就越容易让人们感到集体的存在。相反，如果群行约律一致性程度很低，那么集体就会很松散。所以说，没有群行约律就不能形成集体，没有集体就不需要群行约律。

为解决好学生在校园集体生活中一致性行为问题，群行约律通过六个方面的一致性要求来达成学生成长的目的。

①学校制度我遵守。先成人再成才是我校培养学生过程中长期贯彻的教育理念。学校对这个理念的灌输与落实，让学生认识到，来学校不光要学习科学文化知识，更重要的是学会做人。学校的规章制度就是学生的行为准绳，是做人的基本要求，是成人的必由之路。通过组织学生学习学生手册、规章制度，开展“规范制度我遵守”的主题班会，提升学生的个人行为素养，培养良好习惯。

②班级制度我来定。班级生活是校园生活最重要的组成部分，班级是学校对学生实施教育管理、组织开展各种教育教学活动的基本单位。对于一个班级来说，学生既占据了主体地位，同时也是班级制度的受用者，只有在人人献策、人人参与的前提下制定班级制度，在管理的过程中才能形成良好的班级生态圈。学生共同制定班级制度是培养其参与行为和参与意识的重要途径。

③共建班级文化圈。班级文化是在班级的共同生活和学习中逐渐形成的。良好的班级文化能让一个班级的学生感到心情愉悦，积极向上，充满斗志，这样积极良好的班级文化的形成不是一蹴而就的，需要全体学生的共同努力，经过实践的检验而最终形成，是培养学

生积极向上、坚持不懈品质的有效途径和教育方式。

④“我的地盘”我做主。寝室是学生的“归宿”，是学生在校园里的“小家”。寝室环境直接影响寝室成员的归属感，甚至影响班级文化氛围。创建良好的寝室环境，对学生的人格养成起着导向性的作用，可实现团队凝聚目标，维护寝室和谐的行为，是培养学生集体主义精神、团结协作精神的重要途径。

⑤劳动课程创美好。教育起源于劳动，教育与劳动密不可分，劳动教育是教育的重要组成部分。教育与劳动相结合，是人的体力与智力相结合以达到全面发展的途径，其职能在中职学校中显得尤为突出。劳动课程的开展可以锻炼学生的意志与毅力，是培养学生吃苦耐劳精神的主要方式，更是落实我校“德才兼备、知行合一”校训的具体行为。

⑥安全教育居首位。安全教育是一个永恒的主题，安全教育包括交通安全、日常生活安全、活动安全、自然灾害中的自我保护、社会治安中的安全、意外事故处理中的安全等方面的教育。通过安全教育的进行与落实，要达成人人讲安全、遵守安全规则、热爱生活、珍惜生命的目的，学生形成自觉守护生命安全的意识。

典型案例

学校制度我遵守

（一）案例背景

中职班主任，经常会遇到个别学生犯错误，特别是一些行为习惯不太好的学生，一天能犯好几次错误。学生所犯的错误，大体上可以分为两类。一类是一般性质的错误，大多是自身的纪律意识不强、行为态度懒散导致的，于他人没有损害，只对自身有影响，比如上课照镜子、不按时交作业、寝室内务没有整理好。一类是恶劣性质的错误，比如打架、抽烟、偷盗他人财物。这种错误对他人造成了伤害，以及对周围的同学产生了很恶劣的影响。古人云：“没有规矩，不成方圆。”因此，学校通过各种教育手段，帮助学生认识到遵规守纪的重要性和必要性，并转化为自觉行为，是行为规范培养的一个重要环节。

（二）情景再现

A老师于秋季开学时接手了新班级。开学初，他组织全班同学对学校的规章制度进行了学习，并提醒同学们要严格遵守学校的规章制度，如有违反将按相关制度进行处理。三周后，部分同学开始不断违反规章制度的规定，于是A老师对犯错误的学生按制度进行了严肃的处理，但效果不佳，依然有学生会犯错。学生所犯的错误，再现了如上所述的两类错误。

（三）案例分析

(1) 学生层面。

古人讲：“人非圣贤，孰能无过。”因为学生是人，人总会犯错。A老师意识到教育是反复的，不能指望一次教育、几次班会就能让学生改正所犯错误。一个月来，A老师根据分析和平时与学生的交流沟通，总结出本班学生违纪违规的情况及原因如下。

①65%的学生犯过错误，一般性质的错误占到85%，恶劣性质的错误占到15%；

②大多数学生能意识到一般性质的错误，但是觉得改正比较难，而且认为这样的错误对于自己将来工作影响不大，无伤大雅；

③反复犯错的学生占到学生总人数的35%，觉得只要不偷不抢就不算大错误；

④缺乏正确引导，对今后工作中打交道的人，比如领导、同事、顾客等应如何交往不甚了解，在待人接物上没有感性的认识；

⑤对为什么要严于律己、宽以待人、遵规守纪、诚实守信理解不透。

(2) 学校层面。

一般情况下，当班主任听到自己班级学生犯错的消息，特别是这个学生的错误影响到了整个班级的时候，会生气和愤怒。但从教育与管理的层面上讲，班主任在听到这些消息后，绝不能因为生气和愤怒，做出一些违反教育常识的事；要允许学生犯错，不能因为学生犯了错就不分青红皂白、带着愤怒把学生训斥一顿，然后再施以严厉的处罚，让学生感到害怕，产生恐惧心理。这种对待学生的错误做法是不可取的，因为这种做法，往往不是为了引导学生去改正错误，而是为了发泄自己心中的愤怒。这种做法，是起不到教育的作用的。

于洁老师有句话说得好："班主任工作是什么？有时候就是先平静了自己的内心，再平和地教育学生。平静平和，才能跳出愤怒与焦虑，看到教育的一点点有趣与诗意。"

班主任是和学生在校园生活中相处时间最长的、关系最密切的老师，但也是极易和学生发生冲突的老师。中职班主任，面对学生出现的各种问题，面对那些屡教不改的学生时，需要拥有一颗强大的心脏，更需要有冷静的头脑和平和的心态。

(3) 家庭层面。

每当孩子犯错时，有的父母的第一反应就是生气，继而发脾气，从来没有认真想过为什么孩子会犯错，只是任由内心暴躁的情绪引导自己去斥责或惩罚孩子。可往往事与愿违，孩子并没有就此改正，反而会变本加厉地同父母"对着干"。有的父母忙于生计，无暇顾及孩子，缺乏必要的沟通和交流，孩子的错误行为无人管教，或为了弥补对孩子感情上的欠缺，拿钱来满足孩子的各种要求，过分溺爱孩子。

(4) 社会层面。

学校是社会环境的一部分，会受到社会风气的影响，学校学生会受到学校周边环境中无业青年的不良行为习惯的影响。例如"江湖义气"，这是社会上一种不良风气，学校里的学生会受此影响。有的学生开始拉帮结派，某个同学如果受了点委屈，其他几个同学就为他出气，凭着"哥们义气"，意气用事，不考虑后果，严重违纪而不自知。社会上有一些不适合学生去的场所却偷偷对学生开放，学生抽烟、喝酒等不良习惯很容易在那里养成。

(四) 解决策略

在掌握了以上资料后，A老师采取了如下措施。

面对两种性质的错误，首先进行了区分，不能把一般性错误上纲上线变成恶劣性质的错误。

针对一般性的错误，以说服教育为主。针对恶劣性质的错误，要按照规章制度来处理，对学生进行一定的惩戒。但无论是什么性质的错误，一定不能直接发火，随便处罚了事。让学生把事情说清楚，然后再来界定其所犯的错误属于哪一种性质。如果属于一般性质的错误，让学生进行自我反思，并思考今后该如何改正。如果是性质比较恶劣的错误，问清事情原委后，依照班级班规或校规校纪对其进行惩罚。总之，对学生惩罚的目的，是让学生深刻地认识到自己的错误，并敢于为自己的错误主动承担责任。

如果学生明明犯了一个小错，班主任硬是添油加醋将其演变成性质极其恶劣的大错，然后为了杀一儆百，对其进行严厉的处罚，这种不当的惩罚只会在学生心里埋下怨恨的种子，导致他以后可能会继续犯错，甚至比以往更加小心地掩饰自己的错误行为。所以不当的批评或不当的惩罚，带来的不是孩子的进步和成长，而可能是孩子的堕落和越陷越深。詹大年校长有句话说得好：“批评的目的是激励而不是打击，是唤醒而不是压抑，是叫孩子‘抬头’而不是‘低头’。”无论是对学生的批评还是惩罚，都是为了激励、唤醒学生，引导其走上正确的道路。

为解决学生存在的问题，A 老师在班级举办了“班主任节”活动，让全班每个学生给他写一封信，提出意见和建议。其中有一个学生写道：“人都是会犯错的，每个人都不完美。一次，我们几个人坐电梯带饭被校领导看到了，让我们站在一起拍了一张照片，到了第二天我才知道我们班被通报批评了。学校对我们进行了惩罚，还让我们每人写一份检讨。班主任却跟我们说，不用害怕，也不用担心，下次别做了就可以了。老师对我们劝解的话语，让我们非常感动。我非常庆幸来到了这个班级，遇到了我们的班主任。”

一个好教师，就是要永远对学生保有善意和期待。在学生犯错误的时候，他最需要的是尊重与理解，而不是恼羞成怒地批评。正如詹大年校长所说，我们一定要坚定地和孩子站在一起，把错误放在对立面，来帮助他们去改正这个错误。学生犯错并不可怕，可怕的是学生因为犯错而自卑，因为自卑而认定自己一无是处，从而丧失追求上进的信心与动力。学生不断地犯错，教师不断地纠正。犯错、纠正，犯错、纠正，犯错、纠正……也许这就是教育的常态，或者更确切地说，就是中职班主任工作的常态。于是，学生在不断试错的过程中成长，教师在不断纠错的过程中获得丰富的教育经验。

（五）干预成效

经过一学年的不懈努力，A 老师班级学生遵守校纪校规情况良好，总结如下。

全班同学能自觉遵守校规校纪，规范自己的日常行为。在仪容仪表方面，能做到自尊自爱、注重仪表、穿戴整洁、朴素大方。在思想方面，能自觉抵制不良思想的诱惑，不接触不健康、低级趣味的东西，学做品德高尚的人，尊重他人的生活习惯等。在文明礼仪方面，能诚实守信，礼貌待人，尊敬老师与同学，养成了使用礼貌用语的良好习惯，见到老师能主动问好，同学之间能互帮互助、团结友爱。在学习方面，能按时到校，不迟到、不早退、不旷课，上课专心听讲、勤于思考。在生活方面，能做到爱护校园公物，不在墙壁、课桌、布告栏等处乱涂乱画，不随便损坏公用设施；讲究卫生，不随地吐痰，不乱扔垃圾，养成了良好的卫生习惯。

现在班级学生能做到在自己遵守校规校纪的同时，主动帮助那些没有很好遵规守纪的同学，善意提醒、批评制止他人的不文明行为，帮助他人养成良好的行为习惯。

（六）经验反思

科学、全面、合理的评价体系是学校德育工作中十分重要的内容。学校要建立促进学生发展的评价体系，在评价中激发学生的进取心和积极性，使评价成为教师手中的有力工具，成为完善德育管理、推进素质教育的有效手段。

树立典型与榜样，让榜样的力量带动学生发展。学校要根据学生实际，经常性举办一些有利于学生身体、心理健康的活动，呼吁全社会参与到德育活动之中，建立多种教育基地和青少年活动中心，给学生提供健康成长的场所。

建立书香校园：读书活动对每个学生的健康成长有着深远意义，要培养学生良好的读书习惯，倡导读书明理、读书求知、读书成才的新风尚，让学生在读书中受到教育。

学生是祖国的未来，每位教师都有关心学生、教育学生的责任，只要全社会共同努力，学校家长密切配合，教师辛勤付出，就能培养出更多的优秀人才。

三、职行要律

职业教育是与经济产业联系最紧密的教育类型，与普通教育不同，职业教育更加注重实践能力的培养，采用工学结合、理论实践一体化的教学模式，直接对接岗位需求，节约了学生适应社会的时间。职行要律正是要培养学生的职业素养，从培育学生的职业习惯开始，激发引导学生的职业意识与专业学习兴趣，将职业意识与专业学习兴趣、职业技能规范与要求厚植学生心中，让学生在拥有文化基础的同时，进一步提升其综合职业素养。职业素养能力就是学生未来步入社会、进入职场的敲门砖，也是培养高素质技术技能人才的重要保证。

材料阅读

21 岁，大多数同龄人刚本科毕业正四处求职，一个“3+2”中高职（3 年中职，2 年高职）毕业的专科生已经收到了沿海高校的诚挚邀请，给予其“双一流”博士的同等待遇，但他拒绝了。这个“牛气冲天”的“武汉伢”就是武汉市仪表电子学校培养出来的曹博。

曹博，2002 年 5 月生，湖北武汉人，武汉市仪表电子学校 2017 级电子与信息技术专业学生，2020 年直升武汉船舶职业技术学院深造；是第 46 届世界技能大赛电子技术项目国家队队员，现任武汉市仪表电子学校信息技术专业部专任教师，荣获“湖北省技术能手”“全国技术能手”称号。在全国第二届职业技能大赛上，曹博在电子技术项目血压计设计、智能家居系统、机械手 3 个模块中表现突出，获得第一名，拿下电子技术项目金牌。

“我的语文和英语成绩不好，理科成绩还不错，对电子产品很有兴趣，所以选择武汉市仪表电子学校的这个王牌专业。”曹博说。

“曹博是个言语不多的学生，但专业学习能力突出。”王筱琳老师说，为了测试他，她专门出了两个高难度的专业题，曹博都答出来了。

因此，王老师将曹博推荐给带学生竞赛的周仕林老师。

竞赛之路，曹博走出一番新天地，虽有坎坷，但一路向前。作为中职学生，2020 年他获世界技能大赛全国赛第 4 名，进入国家集训队。2023 年他以老师身份参赛，以金牌获得者身份再次进入国家集训队，剑指世赛金牌。

“坐得住、作风实、心态稳，这是曹博很大的优点。”这是曹博的竞赛教练周仕林老师的评价。曹博刚入集训队的第一个寒假，他丢给曹博几本专业书，让他把习题做一遍。这算是个考核，周老师没指望曹博真的能落实。

“没想到，他真的做到了！他每天做完题，拍照发给我，过年期间也没落下一天。这是个好苗子！”就这样，曹博入了金牌教练周仕林的“法眼”。

曹博坚韧，不服输、打不垮，越挫越勇！据介绍，在中职学习期间，他参加了几次省、市级比赛，成绩并不太理想。但他不受影响，一门心思扑到下一次备战中。他是学校竞赛团队中坚持最久、走得最远的人。正是看好曹博的潜质和实力，在曹博大二下学期实习期间，学校再次向他张开怀抱，请他回学校指导竞赛学生，昔日的学生回校成为老师。

从曹博成长的经历来看，一个人只要确定一个明确的奋斗目标，并且有坚韧不拔的意志，就一定能达成自己的目的。这是职业精神的具体体现，也体现了曹博具有较高的职业素养。

工欲善其事，必先利其器。职业素养，是中职学生发展成为职业人所必备的基础，是一个人职业生涯成功的关键因素。从个人角度来看，适者生存，个人缺乏良好的职业素养，就很难取得突出的工作业绩，更谈不上建功立业；从企业的角度来看，唯有招聘职业素养较高的人员才能实现企业生存与发展的目的，他们可以帮助企业创造效益、节省成本、提高效率，从而提高企业在市场上的竞争力；从国家的角度看，国民职业素养直接影响着经济的发展，是社会稳定的前提。因此，良好的职业素养是立足的根本。提升职业素养是现代人决胜职场的关键。

为提高同学们的职业素养，职行要律从三个方面的培养来达成使学生成长的目的。

①职业理想筑我梦。职业理想是人们依据社会要求和个人条件在职业上确立的奋斗目标，即个人渴望达到的职业境界；是人们对职业活动和职业成就的超前反映，与人的世界观、人生观、价值观、职业期待、职业目标密切相关。职业理想是人生理想的重要组成部分，是中职学生实现个人理想、体现人生自我价值的必要条件。中职学生通过科学规划职业生涯目标，学习职场榜样，来达到厚植职业意识与培养个人专业学习兴趣的目的，从而确立正确的职业理想。

②职业责任规我行。职业责任指人们在一定职业活动中所承担的特定的职责，包括人们应该做的工作和应该承担的义务。职业活动是人一生中基本的社会活动，职业责任是由社会分工决定的，是职业活动的核心。中职学校是培养准职业人的场所，我校在教育与培养过程中，将职业意识、职业规则、职业精神的教育纳入日常教育管理之中，让同学们从进校的第一天就开始接受职业意识、职业规则、职业精神的熏陶，并在三年的学习生活中不断增强职业责任和意识，从而达成用职业责任规范自己的职业行为的目的。

③职业要求进我心。职业要求指在一定的职业领域中，一个人从事相关工作所要满足的知识、技能、经验和素质等方面的要求。我校通过组织学生学习企业管理要求、规章制度，从所需知识的储备、所需技能的累积、所需素质的培养等方面入手，让学生懂得职业要求对于职业人的重要性，从而达成让同学们在准职场中有准职业行为，为将来成为职业人打下良好基础的目的。

典型案例

职业要求进我心

（一）案例背景

《国家职业教育改革实施方案》中提到，职业教育与普通教育是两种不同教育类型，具有同等重要地位。改革开放以来，职业教育为我国经济社会发展提供了有力的人才和智力支撑。随着我国进入新的发展阶段，产业升级和经济结构调整不断加快，各行各业对技术技能人才的需求越来越紧迫，职业教育重要地位和作用越来越凸显。党的二十大报告中指出，统筹职业教育、高等教育、继续教育协同创新，推进职普融通、产教融合、科教融汇，优化职业教育类型定位，再次明确了职业教育的发展方向。

因此，发展职业教育是国家的大政方针，同时也是符合经济社会发展的必然选择。根据人力资源和社会保障部2022年第四季度全国招聘大于求职“最缺工”的100个职业排行显示：制造业缺工状况持续，汽车行业相关岗位缺工较为突出，汽车零部件再制造工、工程机器人系统操作员、汽车工程技术人员等职业新进排行，汽车生产线操作工位列排行前十；快递物流行业用人需求明显增加，采购员、邮件分拣员本季度新进排行，快件处理员、装卸搬运工、网约配送员、快递员等职业缺工程度加大。由此可见，高端高技能技术人员紧缺，劳动密集型行业用工持续承压，人才结构性缺失明显。

在各地教育主管部门执行的职普分流的大背景下，中职学生应该尽快适应自己的新身份，树立职业理想，将个人发展与国家发展相结合，找准定位，到国家需要的地方去发光发热，就一定能够实现自己的人生价值，获得精彩人生。

（二）情景再现

学生由初中升入中职学校后没有能够尽快转换身份，对于职业学校的课程体系和评价方式认识不足。由原来的以文化课教学为主转换到以技能实操为主的课程体系后，学生表现出明显的动手能力不足，实操意愿不强，缺乏劳动精神与劳动意愿。学生对于职业要求没有具体的认知，对于企业管理缺乏体验，在实训课程中存在以下几个方面问题。

第一，纪律涣散，工量具随意摆放，工位卫生不达标。

第二，总喜欢随意换位、说话，实训进度太慢；缺乏吃苦耐劳精神，劳动持续时间不长，缺乏认真、严谨的实训态度。

第三，质量意识淡薄，工件尺寸误差过大，没有意识到误差对产品质量、生产安全等带来的致命危害。

（三）案例分析

学生层面。进入中职学校学习的部分学生学业基础较薄弱，在以往的学习过程中缺乏成功的体验，因此导致习得性无助，缺乏目标，毅力不足；缺乏劳动教育，对家长依赖心强，未养成整理清扫的生活习惯；存在凑合心态，缺乏精益求精的精神；容易受身边朋友影响，定力不足。

学校层面。学校的课程吸引力不足，对学生由知识学习向技能学习的学习方式上的转变引导不足，规章制度执行不到位。

家庭层面。家长过多关注学习，很少让孩子做家务，导致孩子劳动意识和劳动技能缺失。有的家长过分溺爱，导致孩子在家里未形成秩序感。

社会层面。社会中“网红”经济泛滥等，导致学生缺乏吃苦耐劳精神。工匠精神、质量意识在社会中传播力不足。

（四）解决策略

为解决以上问题，使得职业要求进心进脑且执行到位，将企业的管理理念引入实训课程，在具体实施过程中主要从提高认识、制定规则、监督落实、总结反思四个方面进行，如图3-1所示。

（1）提高认识。

①企业参观行。

学生参观与学校合作的企业，通过参观现场环境以及了解生产要求，认识企业现场的5S管理和纪律要求。

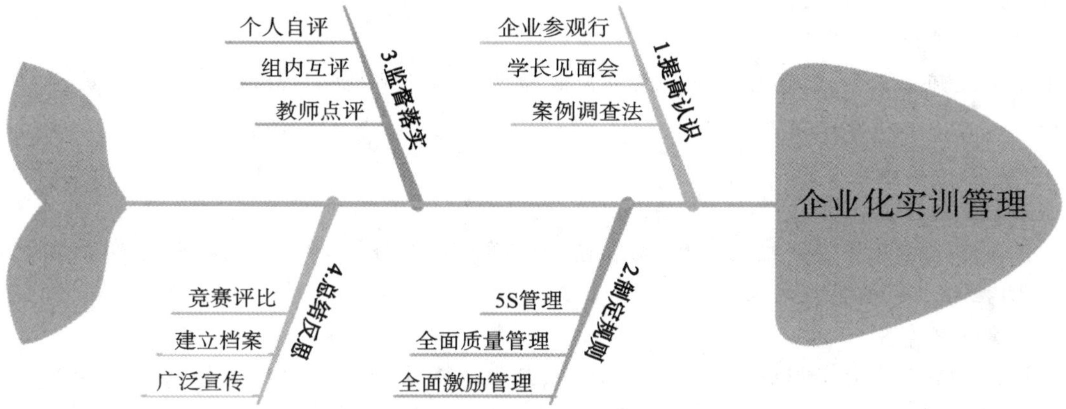

图 3-1　企业化实训管理

②学长见面会。

邀请优秀学长回校交流，讲解技能高考的相关注意事项及实际工作中的要求等。同时，通过学长的成功案例，激励大家产生奋进的决心。

③案例调查法。

调查亲友当中曾经发生事故的人，有多少事故是因为工作不认真或者5S管理不到位造成的，通过直观感受，提高同学们对5S管理和纪律意识重要性的认识。

(2) 制定规则。

①5S管理。

5S管理在实训课程中具体表现为划定工量具的摆放区域，指定摆放方式；制定毛坯、半成品、成品的出入库管理；划定个人卫生控制区域；制定清扫标准；制定个人行为规范。

②全面质量管理。

利用全面质量管理中的PDCA流程，提高工件质量。

计划阶段：根据教师的要求以及自己的加工水平，确定当日的质量目标。(利用“登门槛”理论设置阶梯目标。)

执行阶段：按照目标进行加工。

检查阶段：检查工件质量，分析未达标的原因。

处理阶段：制定改正措施。

③全面激励管理。

全员激励：每个人设计一句励志座右铭，张贴在自己的工位；同一工作台的2人每天实操前互相鼓励。

全程激励：每天实训开始前学生轮流领读励志标语；实训过程中教师对表现好的学生随时给予表扬；每天实训结束总结时，评选每日的实操能手。

全素激励：对于每日的实操能手给予奖励；同时每日的实操能手获得1积分，与最后的考核成绩合并，颁发技能之星奖状；在实训室张贴大国工匠宣传照。

(3) 监督落实。

①个人自评。

每天从5S管理、目标达成度、工件质量、加工速度等方面完成自评表。

②组内互评。

由组长对组员每天的表现进行综合打分，同一操作台的2名同学每天互评对方当天表现的优缺点，记入互评表。

③教师点评。

授课教师每天对表现优异和表现较差的学生进行重点点评，由课代表记录，班主任填写每个人的实训成长档案。

(4) 总结反思。

①竞赛对比。

实训结束后开展实训技能竞赛，内容包含现场环境整理、工件质量、操作速度等全方位的比试，检验大家的实训成果。

②建立档案。

建立每个学生的实训成长档案。将自评、互评以及实训过程中的工件照片进行汇总建档，描绘每个学生的成长路线，同时总结问题，为后续实训做好准备。

③广泛宣传。

将工件制作过程以及优秀成品拍成视频或图片，在班级"抖音"号、学生"朋友圈"、家长微信群进行传播，增强学生的自豪感和获得感。

(五) 干预成效

通过以上策略的实施，学生对于职业要求逐步接受，并落实到具体的实训学习中。5S管理成效显著，同时实训的工件质量不断提高，在1+X职业技能等级证书考试和职教周技能大赛中得到了很好的体现。学生劳动的意识和意愿得到加强，体现出吃苦耐劳、精益求精的工匠精神。

(六) 经验反思

合理有效的管理手段是教育过程中必不可少的，缺少管理的教育是没有支撑的。

职业教育是更加面向工作岗位的教育类型，因此借鉴企业管理中的部分管理理念，引入管理育人当中，对学生尽快适应岗位需求、提高成绩是有帮助的。

四、法行铁律

法行铁律强调的是为人处世的底线，是培养学生成为社会主义合格公民的必然要求。学校通过理论与实践相结合形式进行法制教育，增强学生法律意识；知行合一，采用理论学习、课外活动、专家讲座、现场参观等多种形式向学生灌输"学法、知法、守法、用法"意识。学生通过学习法律知识丰富自身素养，维护自身合法权益，约束自我不良习惯，成为具备宪法意识、公民意识、责任意识，能够遵守法律法规，具有自我保护能力的社会主义建设者和接班人。

材料阅读

四川某中职学校组织学生到福清某公司进行社会实践。该校学生小张在公司食堂买饭时插队，与同校其他专业同学小炼发生争执并互殴。当天晚上，小炼与同学小李、小赵遇到小张并殴打了小张。后此事虽经带队老师调解，但小张仍不解气。次日，小张将此事告诉曾经同在公司实习的福清某中职学校学生余某，表示"要打回来"，余某同意帮忙。次日傍晚6时许，余某叫来三个社会青年，并向小李约架。小李便叫上同学小赵等人到达约架地点，小张打电话通知同学小兵等帮忙打架。当天晚上8时许，小张与余某及三名社会青年等人持械与小李等人发生互殴，双方多人受轻微伤。案发后，学校带队老师带所有涉案学生向公安机关投案。余某于次年被抓获。除余某刚满18周岁外，其余涉案学生均已满16周岁不满18周岁。

被告人余某犯聚众斗殴罪，判处有期徒刑三年六个月。检方对小张等涉案学生附条件不起诉。

这个案例说明，国家法律是神圣不可侵犯的存在，是铁一般的要求，任何人触犯了法律都要付出相应代价。

中职学生是社会上比较特殊的群体。从年龄上看，他们的年龄较小，社会阅历浅、经历少，对法律的认识和理解还处于模糊阶段；从知识经历上看，他们之前没有经过系统科学的法制教育，对法律知识一知半解；从心理素质上看，他们的情感和思想还比较脆弱，心理承受能力较差；从社会关系上看，他们是家中的宠儿，也是普通学生中的一员。

一些学生法律观念淡薄，屡教不改，认为只要不去杀人放火就行了，犯点小错误又有什么大不了的呢？勿以恶小而为之，勿以善小而不为。这就告诉了我们：如果一个人没有养成良好的行为习惯，没有良好的法律意识，随意做损坏公物、骂人、打人，甚至偷窃等坏事，不仅是给个人形象抹黑，心灵还会渐渐被腐蚀。慢慢地，这样的人就会经常性地犯各种错误，如果不能够痛改前非，很可能走上犯罪的道路。虽然青少年犯罪呈上升趋势，但青少年时常受到侵害。当青少年离开教师、家长的保护，离开学校、踏入社会独立生活时，就有被侵害的可能。因此，全体同学都需要学法、知法、守法、用法。

为了让学生真正成为知法、守法、用法的合格公民，我校在法行铁律方面通过两种形式的教育来达成这一目的。

①法制教育伴我行（知）：通过学习法律常识，举办法制教育讲座，开展法制教育宣传、主题班会等活动拓宽同学们法律知识广度，提高学法自觉性。

②法治实践在行动（行）：“学得会”还要“用得上”，利用参观学习、专家讲座、身边案例剖析、组建模拟法庭等形式强化同学们守法、用法意识，增强处理突发事件的能力，使其遇到险情能够做到处变不惊、临危不惧，机警应对所面临的险境，采取恰当的方法解决遇到的难题，果断勇敢地化解各种危机，并当国家财产受到威胁时能够勇于保护集体利益。

典型案例

法治伴我行

（一）案例背景

习近平总书记强调，普法工作要在针对性和实效性上下功夫，特别是要加强青少年法治教育，不断提升全体公民法治意识和法治素养。中职学生正处于世界观、人生观、价值观形成的关键时期，如何提升法治教育的实效性，是建班育人工作中需要解决的重要问题。

（二）情景再现

一天，晚自习之后，A老师突然接到了小雨妈妈的电话，声音很急促、很愤怒：“老师，小雨刚才打电话时哭得很伤心，说她在卫生间洗澡时，寝室同学小萱从窗户那里偷拍了她的照片，孩子现在很害怕，万一照片泄露出去怎么办？现在孩子怎么这样啊……”联想到前几天，有个男生也说他在寝室洗澡时被同学拍了照片，A老师意识到偷拍照片不是个性问题，而是折射了中职学生法律意识不强、法治观念淡薄的共性问题。

（三）案例分析

中职学生处于青春期，不能准确把握人与人之间交往的界限，缺乏边界感，同时容易受到社会不良风气等因素的影响，模仿一些不良的行为。

部分学生法治意识淡薄，缺乏基本的法律常识，不知道这种行为已经侵犯他人隐私。

学校教育、家庭教育、社会教育，在一定程度上缺乏培养法律意识的教育内容，这种缺位阻碍了青少年法律意识的启蒙。

（四）解决策略

（1）共情解心结。

A老师对小雨当下的心情表示理解并耐心与小雨沟通：“如果我是你，我也会非常委屈，小萱同学的做法不对，原因是她不懂法，没有法治意识，作为班主任我一定会严肃处理这件事情。第一，保证你的照片全部被删除；第二，要求小萱向你当面道歉；第三，借此机会对全班进行法治教育，希望你能帮助老师一起来面对和解决这个问题。”

（2）换位知边界。

A老师找到小萱谈话，让她换位思考，如果自己的隐私照片在别人的手机里面，是什么感受？偷拍这些照片，就是侵犯他人隐私，是违反法律的行为，而法律就是用来保护人们利益的文件，所以要知法、懂法。

小萱独立思考之后，意识到错误并进行自我教育，A老师让两个孩子站在一起，小萱当着小雨的面删除照片并道歉，表示不会再有下次，两人握手言和。

（3）“法治案例说”主题班会。

环节一：心理剖析。学生可以讲述自己被偷拍之后的恐惧、伤心以及对个人隐私泄露的担心、焦急和愤怒，引起其他学生共鸣，让学生更加深刻地感受到这种行为给同学带来的伤害，意识到人与人之间的交往存在边界。偷拍不是开玩笑，是已经侵犯别人隐私的违法行为。

环节二：新闻法治说。请法治副校长组织学生就偷拍的相关新闻进行案例讨论，学习教授和律师等相关专业人士对案例的解读，了解在公共场合对陌生人进行拍摄，不论是否以获利为目的，只要未经过对方同意，都属于违法行为。偷拍行为已经侵犯公民隐私权，在《中华人民共和国治安管理处罚法》和《中华人民共和国刑法》中对此违法行为都有相关处罚规定，让学生知道偷拍这一违法行为的严重性。

（4）法治实践行。

A老师在班级内开展“偷拍是否违法”话题问卷调查，鼓励学生将班会上学习到的相关法律知识做成小海报进行全校宣传，开设班级宣传栏“法治小天地”，录制“说法”小视频等。

（5）协同共深化。

推送高质量的法治知识和青少年法治案例或者相关视频，让家长充分认识到青少年知法、懂法、守法的必要性和重要性，自觉支持学校做好法治教育工作，发现学生异常行为及时沟通、及时止损；请辖区内的负责学校治安的片区民警进班级进行《中华人民共和国未成年人保护法》《中华人民共和国预防未成年人犯罪法》展板宣传，丰富学生法律知识。

（五）干预成效

通过真诚沟通、“法治案例说”主题班会的开展、调查实践等教育方式，学生的法治意识明显增强，也懂得了保持人与人之间交往的边界，班级更加和睦。

（六）经验反思

解决策略从三个层面开展，在个体层面，共情学生遭遇，触碰学生的内心，帮助学生解开心结，换位思考让学生反思自己的行为并进行自我教育；在集体层面，心理剖析让学生从道德认知上引起触动，请法治副校长对时事热点案例进行解读，让学生对法律产生敬畏；在社会层面，通过问卷调查、开设班级宣传栏“法治小天地”等实践活动，增强学生法治意识。解决策略从知情意行四个方面层层递进，达到教育的目的，同时注重多方协同育人，保持教育效果的延续性，让学生做到心中有“界”，手中有“戒”。

“道虽迩，不至不行；事虽小，不为不成。”虽然中职生行为规范涉及的很多是在学习生活中看似微不足道的行为细节，但点滴见智慧，这些事就如一面镜子，体现出个人的社会价值取向，从而反映出个人对社会秩序、标准、理念的尊重。学校意在通过“行为规范”成长桥对学生成长要素的培养，来达到提升学生个人行为规范，遵守社会秩序的目的。

第四章 学生成长之“道德品质”成长桥

第一节 “道德品质”成长桥的目的和意义

道德品质是个人在道德行为中所表现出来的比较稳定的、一贯的特点和倾向，是一定的社会道德原则和规范在个人思想和行为中的体现。道德，指衡量行为正当的观念标准、对错标准，是在特定生产能力、生产关系和生活形态下自然形成的。一个社会一般有社会公认的道德规范，只涉及个人、个人之间、家庭的称为私德；涉及社会公共部分的称为社会公德。品质是人的行为和作风所表现出的思想、品性、认识等的本质。一个人在社会、与他人相处中所表现出来的品质称为品德，即为道德品质。

我校德育途径中用“严守私德、恪守公德、深明大德、思政同德”构建学生“道德品质”成长桥，是三座成长桥中的第二座。中职生的道德品质指中职生应具备的道德认知、道德情感、道德意志和道德行为。“道德品质”成长桥在我校学生的三座成长桥的搭建中，为行为规范的养成与人文素质的提升提供了保障。学生在中职学校三年的学习与生活中，通过学习学生守则、校规校纪、职业规则等各种教育活动，知道自己在不同环境中该做什么、不该做什么；依靠学生自我评价，分清什么是符合道德的行为，什么是不符合道德的行为。中职阶段的教育，道德品质应伴随中职生三年的成长历程而不断提升，学校建立道德品质培养的成长桥，就是为了体系化、科学性地增强中职生爱国意识、社会责任感、心理承受能力和坚韧意志品质。

第二节　“道德品质”成长桥的内容和典型案例

信息化时代，中职生受到不同价值观的冲击越来越多，为避免中职生出现道德认知与道德行为相脱节，性格缺陷、心理承受能力差，价值观错位、社会责任感淡薄等情况，从进入中职阶段开始，学校就应该注重学生道德品质的培养，并通过合理的引导加强中职生修养及作风、习惯的养成，引导其遵守公共秩序、爱护公共财物、讲究公共卫生。热爱祖国、坚决拥护中国共产党领导、认同社会主义核心价值观、守护国家利益应成为全体同学共同的意识。理想信念坚定，有责任有担当，能够为党和人民的事业贡献自己的力量应成为同学们追求的目标。能正确处理个人与老师、同学、家庭的关系是对同学们道德品质最基本的要求。从道德品质培养的层面出发，我校建立了四个方面的培养目标，包含严守私德、恪守公德、深明大德、思政同德。

一、严守私德

私德是私人生活中应遵守的道德规范。这里的私德具体指人们为了群体利益而约定俗成的个人应该做什么和不应该做什么的行为规范，是社会或者群体所认同的个人道德。

严守私德指个体要严格遵守或遵照执行社会或群体认同的个人道德。

严守私德的培养包含了“加强修养、自尊自爱”“诚实守信、言行一致”“宽容大度、与人为善”“友好交往、礼貌文明”“孝敬父母、尊老爱幼”五个部分，引导学生提高个人道德素质，使学生能够形成正确的价值观、荣辱观，诚实守信；乐观向上，情趣高雅，拥有健康积极的兴趣爱好；正确认识自我，自尊自爱，自立自强；孝敬父母，主动承担家庭责任；热情善良，主动帮助他人。在引导学生成长过程中，培养学生诚实守信、尊重他人、乐于助人、回报社会的道德品质。

私德对公德的培养、对个人的发展、对社会的和谐具有积极作用，为恪守公德奠定了素质基础。

材料阅读

在澳大利亚，流传着一个鱼竿和鱼篓的故事。从前，有两个饥饿的人得到了一位长者的恩赐：一根钓鱼竿和一篓鱼。其中，一个人要了一篓鱼，另一个人要了那根鱼竿，于是，他们分道扬镳了。得到鱼的人就在原地用干柴搭起篝火煮起了鱼，不一会儿，就把鱼吃光了，不久，他便饿死在空空的鱼篓旁。另一个人则提着鱼竿，一步步艰难地向海边走去，最后也饿死在去往海边的路上。多年后，又有两个饥饿的人，他们同样得到了长者恩赐的一根钓鱼竿和一篓鱼。只是他们并没有各奔东西，而是商定共同去找寻大海。他俩每次只煮一条鱼，经过遥远的跋涉，他们来到了海边，从此，两人开始了捕鱼为生的日子。几年后，他们盖起了房子，有了各自的家庭、子女，有了自己建造的渔船，过上了幸福安康的生活。

澳大利亚人把这个故事告诉自己的子孙：合作可以把成功无限地放大，自私狭隘只会毁掉前程。俗话说，有国才有家。无论是在社会、在组织还是在家庭中，服务全局、团结协作、共克难关都是最基本的生存准则。很多时候，帮助别人就是帮助自己，学会合作也会给自己带来收获。反之，如果做事情只考虑自己的利益得失，不顾大局，不顾集体利益，最终只会被团队放弃，被社会淘汰。只有合作才能共赢，只有团结才有力量。一个社会，当成员都团结起来的时候，才是这个社会真正进步的时候；一个民族，当人民都团结起来的时候，才是这个民族真正觉醒的时候。同理，一所学校、一个部门、一个班级，只有我们学会了与别人合作，善于团结他人、帮助他人，我们的班级才能温馨，我们的部门才能高效，我们的学校才有希望，我们的生命才富有意义。

这个故事告诉我们，当面临困境时，顾全大局的个人修养、团结协作的精神决定了事业的成功，善于合作、团结他人是非常重要的私德。

典型案例

宽容大度、与人为善

（一）案例背景

良好、和谐的班级氛围不仅能加强学生学习动力，而且能够提高其学习效率。班级良好氛围的营造需要全体同学同心协力，而最基本的体现就是同学们能够共同遵守纪律，团结友爱，互帮互助。中职阶段的学生，处于青春期，思想日益独立。然而，很多时候他们的想法并未成熟，时常和身边的同学发生矛盾，出现人际交流沟通的问题。作为教育工作者，我们必须加强对中职阶段学生团结互助精神的教育，培养他们的班级荣誉感和归属感。

（二）情景再现

数控技术应用专业是我校众多专业之一，该专业男生居多，学生个性意识较强，部分学生自我约束力较差。某班班主任李老师在带班的过程中，曾发生这样一起事例。在某个下午的第一、二节职业生涯规划课的教学过程中，老师所教授的内容是“指路明灯——职业理想”。老师首先组织学生进行分小组讨论，每组发放一张白纸，让组长将组员的职业理想写下来，并讨论如何实现职业理想。张同学、李同学、代同学、孔同学和孙同学作为一个小组，由张同学任组长。在别的小组正热火朝天地讨论时，张同学和李同学却无视课堂纪律，在打闹，张同学也没尽组长职责组织组员进行讨论。当老师催促提交讨论稿时，张同学所带的小组没有完成任务。代同学不满地对张同学说：“你是怎么当组长的？别的组都已经完成了，我们组却还没有开始，你还带着李同学进行打闹，太不称职了。”张同学听到代同学的抱怨，并没有在意，嬉笑说道：“又不是我愿意当组长的，是老师选的，要组织讨论你们来，我不愿意组织。”此话被路过的老师听到，给予整个小组扣分处罚，这个结果使小组组员很不高兴，将责任归结于张同学。课程结束后，张同学所在小组的其他组员都有意无意地远离张同学，不愿再与张同学交往。在后面的学习生活中，张同学逐渐被孤立，越来越不愿参加班级集体活动，经常做一些有损班级形象的事。通过一段时间的观察，班主任李老师发现了张同学的一些异常行为，通过向其他同学了解情况后，知道了事情的起因。

面对班上所出现的问题，首先，班主任李老师组织开展“团结互助，我爱我班”主题班会。主题班会让学生感受到集体力量的巨大，从而培养他们的集体意识，强化他们的团结协作意识和集体荣誉感。其次，李老师与班干部进行谈话，让他们充分发挥班干部的引领和带头作用，学会关注、包容和帮助张同学，友善地对待犯错误的同学，让他能够重新回归到班级的大集体中。最后，李老师积极与张同学沟通，动之以情，晓之以理，让张同学认识到自己的问题，知道集体荣誉感和团结协作意识的重要性；与家长积极沟通，通过家校合作的形式，帮助张同学尽快融入班级大集体。

通过班主任李老师开展的一系列的教育活动，张同学很快融入班级集体中，同学们重新接纳了张同学。在后续的学习和生活中，李老师所带的班级在校趣味运动会、大合唱比赛等集体活动中都表现出较强的团结协作力和班级凝聚力，学生的集体荣誉感得到了强化。

（三）案例分析

中职阶段的学生正处于身心发展的塑造期，影响学生团结协作和集体荣誉感的因素有许多，从家庭角度来看，学生可能存在亲子关系不和谐的情况，家长过度干预学生生活，学生缺乏足够的空间，导致学生自我封闭，不愿与他人交流。从学校角度来看，学校可能缺少给予学生展示团队协作力的机会和平台，学校的教育环境和师生关系不理想等。从社会角度来看，社会某些人对个人主义和竞争的推崇导致一些人认为只要自己努力就能获得成功，忽视了团体的作用；现代信息化技术使中职阶段的学生更倾向于独立学习和生活，缺乏与他人合作的机会；现代社会中的部分人存在着成功只属于个人的思想，使得某些中职阶段的学生注重个人利益的追求，忽视了团队的力量，弱化了集体荣誉感意识。案例中的班主任李老师，针对学生在团结协作意识和集体荣誉感存在缺失的情况下，通过主题班会的形式，塑造和强化学生的团结协作能力和集体荣誉感，通过优化教育教学手段和方法培养学生团结协作的学习能力和互帮互助的良好品质，通过家校合作和个人访谈交流的形式，形成家校教育合力，为学生团结协作和集体凝聚力的形成提供强有力的支持。

（四）解决策略

面对当前部分中职生所存在的集体荣誉感不强，缺乏团结协作意识等问题，教育者首先需要做的就是提高中职生的大局观和集体意识，让他们从思想认识上理解集体荣誉感和团结协作的重要性；其次，根据学生的不同性格特点和所处的不同环境和情景，因地制宜开展教育工作，确保教育的有效性和及时性；再次，针对集体荣誉感和团结协作意识较差的学生，开展形式多样、内容丰富的班级活动，培养学生的集体荣誉感和团结协作等良好品质；最后，充分利用家校联动机制，寻求家庭教育的有益补充。主题班会是增强学生良好品质的有效途径之一，教育者可以充分发挥主题班会的作用，促进中职生良好品质的全面发展。

（五）干预成效

案例中班主任李老师，通过观察和深入学生当中，了解到了张同学所面临的问题。为了增强张同学的集体荣誉感和团结协作等良好品质，李老师开展相关主题班会，发挥班干部的模范带头作用，与张同学进行深入交流，积极与家长联系、寻求家庭教育的辅助等一系列的手段和方法，张同学最终重新融入了班级的大家庭中，并在后面的班级活动中表现出了较强的集体荣誉感，达到了理想的教育目的和教育效果。

（六）经验反思

当前中职生个性张扬，性格特点突出，部分学生或多或少在团结协作品质和集体荣誉感上存在一定的缺失。教育工作者针对中职生所存在的类似问题，要引起重视，及时发现和解决；在对中职生进行团结协作品质和集体荣誉感的培养上，还要针对学生的个性特点和时代特征变化因材施教，从整体上增强学生的团结协作品质和集体荣誉感，为中职生更好地适应社会需要打下良好的基础。

二、恪守公德

公德指存在于社会群体中的道德，是生活于社会中的人们为了群体的利益而约定俗成的应该做什么和不应该做什么的行为规范。其在本质上是一个国家、一个民族或者一个群体，在历史长河中、在社会实践活动中积淀下来的道德准则、文化观念和思想传统。

恪守公德指个体要严格遵守一个社会或者群体所认同的道德。

恪守公德包含了“遵纪守法、规范言行”“助人为乐、奉献爱心”“爱护公物、保护环境”三个部分。它涵盖了人与人、人与社会、人与自然的关系，涉及社会公共生活的各个层面。对中职生进行日常行为规范、公德教育，由他律到自律，通过正确行为规范教育的不断重复、反复强化以及对不良行为习惯的反复纠正，引导学生逐渐形成道德行为习惯，具备社会责任感、公德心，尊重他人，文明礼貌，助人为乐，爱护公物，保护环境，诚实守信，遵纪守法，遵守规则。以上教育行为，提高学生道德品质。

材料阅读

地球是我们赖以生存的家园，它像母亲一样为我们提供生存的资源和条件。谁都想让自己的家园变得更美好、更漂亮，然而，随着生活方式的改变，生活垃圾种类越来越多，其中大多数会造成环境污染。

据研究，如果不进行恰当的处理，一颗废弃的纽扣电池能污染 60 万升的水。塑料袋是生活中再常见不过的物品，可是塑料袋是污染环境的主要物品之一。塑料袋以石油为原料，不但消耗了大量资源，而且需要 500 年的时间才能被自然分解。假如，我们向一条本来清澈见底、鱼虾成群的河流扔垃圾，工厂往里面排放污水，河流不久就会变成一条肮脏的河流。我们看到的将是乌黑的河水冒着油腻腻的泡沫，水面上漂浮着不知名的脏物，散发着一股股刺鼻的怪味，河里不再有鱼虾，河边的柳树只剩下光秃秃的树干。

地球是人类的家园，是人类的母亲。我们依靠它、探究它，我们要爱护环境，爱护我们生存的家园。

绿化带的花木，公园的石凳、健身器械，教室的桌椅、板凳时刻为我们提供着便利。把自己想象成这些公物，如果有人在我们身上乱涂、乱画、乱刻，我们会是什么样的感受？如果有人在我们身上乱踩乱踏，感受又是怎样的？

爱护一切公共财物，是一个人自身道德修养的体现，也是社会公德的外在表现。社会公德是全体公民在社会交往和公共生活中应该遵循的行为准则。学生应以文明礼貌、助人为乐、爱护公物、保护环境、遵纪守法来要求自己，做一个好学生、好公民。美丽和谐的社会，需要大家共同来创造。

同学们要一起努力，从身边小事做起，让爱护公物成为每个学生的自觉行动，让爱护公物成为每个学生的良好习惯。用心爱护学校的一草一木，自己要成为一个真正的爱护公物的文明人。

典型案例

爱护公物、保护环境

(一) 案例背景

习近平总书记做过许多关于生态环境保护的重要论述与讲话。2018年5月,习近平总书记在全国生态环境保护大会上指出,绿水青山就是金山银山,必须贯彻创新、协调、绿色、开放、共享的发展理念,加快形成节约资源和保护环境的空间格局、产业结构、生产方式、生活方式,给自然生态留下休养生息的时间和空间。2023年5月31日,习近平总书记在北京育英学校看望慰问师生时指出,新时代生态文明建设要从娃娃抓起,通过生动活泼的劳动体验课程,孩子亲自动手、亲身体验、自我感悟,让“绿水青山就是金山银山”的理念早早植入孩子的心灵。

生态文明建设是关系中华民族永续发展的根本大计。文明使用、爱护公共资源,善待我们身边的设施设备、门窗桌椅,这与生态文明建设是相统一、促进的。教育是国之大计、党之大计。良好的道德观念和行为习惯不是天生就有的,需要进行专门的培养。青少年是祖国的未来,承载着国家和民族的希望。加强青少年生态文明教育,提高其爱护公物、保护环境意识,对于推进生态文明建设,促进青少年全面发展具有十分重要的意义。

当前部分中职学生存在公德心不强,爱护公物、保护环境意识淡薄、行为缺失的问题。中职学校作为中职学生道德认知、行为规范教育的主渠道,应该积极探索学生公德教育方法,联合各渠道,切实做好中职学生的公德教育,为学生个人成长发展打好基础,与建设美丽中国这一美好目标相契合。

(二) 情景再现

王老师是一所中职学校的专业课老师,接手了新班级班主任工作,班级46名学生比较懂事,没有特别调皮的,学习风气也逐步向好。这样的景象一度让王老师感到很欣慰。但是在和同学们的相处中,王老师观察到部分同学在遵守社会公德方面需要进一步引导和教育。比如有的同学食物没吃完就扔掉,有的同学喝完水后瓶子随手就扔,有的同学随意踩踏学校的花花草草,有的同学随地吐痰,有的同学上完洗手间之后忘记关闭水龙头,有的同学乱扔乱放实训室的工具设备……

这些事情似乎算不上大是大非,谈不上影响恶劣,对于班级考核也没有明显影响,但是这些行为与爱护公物、保护环境,建设美丽中国的美好目标是背道而驰的。这些不良行为是缺乏社会公德的表现,如果不加以纠正,会影响中职学生整体形象,对学生个人未来发展也将造成负面影响。

(三) 案例分析

经过观察与分析,同学们的不良行为可以归纳为三个方面:浪费资源、破坏环境、损坏公物。王老师设计了调查问卷,在全班范围内对学生违反公德的行为进行了统计,掌握了学生主要的不合规行为以及有过这类行为的学生比例。结果显示85%的同学有过浪费食物、乱扔垃圾、随地吐痰、损坏公物等行为。王老师又通过在线调研、谈话等方式,对学生的行为动机进行了了解与分析,学生出现违反公德的不良行为的主要原因如下。

（1）学生层面。

学生对爱护公物、保护环境的重要性认识不够。中职学生由于年龄及阅历的局限，世界观、人生观、价值观尚未完全成熟，缺乏足够的道德分析能力。他们不知道自身的行为，比如随手扔垃圾，随意丢弃食物违反了社会公德；他们也不知道为什么要去爱护公物、保护环境。这导致学生在面对社会公德问题时缺乏足够的认识，不论是道德判断能力，还是道德鉴别能力都相对薄弱。在看到其他同学损坏公物、破坏环境时，不但不会制止，甚至还会盲目从众。长此以往这种违反社会公德的行为就会在学生中蔓延。

学生忽视公德习惯的养成。部分学生掌握了大量生态文明相关的理论知识，具备较高的理论水平，但是在日常生活中没能做到。比如随手关灯、一水多用、尽量少用塑料袋等。

（2）学校层面。

学校重视程度有待加强。学校已经将环保意识教育纳入学生思想政治教育体系中，但是并没有在学生行为规范考核中得到较好落实，因此执行力度不够理想。同时学校环保实践活动较少，学生爱护公物、保护环境行为习惯的形成不仅仅要通过理论知识学习，更要通过实践活动来巩固。

（3）家庭层面。

家长重智育轻德育。一些家长对孩子的要求集中在学习方面，认为别的方面不重要。这种重智育轻德育的培养结果就是部分孩子道德品质不高。这种理念通过家长传递给孩子，孩子也认为只需要提升学习成绩，不用在乎社会公德。

家长缺少表率作用。家长是孩子的第一任老师，部分家长自身公德心不强，没有严格要求自己的言行举止。对于孩子没有遵守公德的行为疏于管教、引导，导致部分孩子没有养成爱护公物、保护环境的好习惯。

（4）社会层面。

随着年龄的增长，学生们能够广泛、便捷地接触到社会各个方面，但中职阶段的学生心智并未成熟，尚未形成正确的价值观，容易受到社会上不正之风的影响。一些违反公德的行为借助网络视频等传播，容易影响中职生的言行举止。

（四）解决策略

针对上述四个层面的原因，王老师采取了措施，开展了一系列公德教育活动，同时学校也开展了一系列活动。

（1）开展公德教育。

爱护公物、保护环境是学生公德教育的重要内容。通过开展班会学习习总书记关于生态文明的重要讲话、邀请环保组织专家开设专题讲座等活动，帮助学生认识到爱护公物、保护环境的重要意义，鼓励学生勇敢指出校内的不文明行为，并互相帮助改正、提高。

（2）开展公德实践。

组织学生参加校园环境整治活动；结合本专业特点，带领学生参与力所能及的校园设施维修；联合社区，让学生作为志愿者参与社区环保活动，体会环卫工人的辛苦。各类公德实践活动，使学生切实体验到公德实践中的苦与乐，巩固对公德的认识，培养公德行为习惯。

（3）家校联动。

对家长进行在线调研，了解家长公德理论水平，并针对性地召开在线家长会，发放在线学习资料，提升家长公德理论水平；号召家长做好孩子的榜样，并督促、引导孩子培养良好的公德习惯。

(4) 建立奖惩机制。

学校建立公德奖惩机制，将爱护公物、保护环境等行为规范考核切实执行下去。奖惩机制激发学生动力，使学生主动遵守相关公德要求。

(五) 干预成效

学生对生态文明、爱护公物、保护环境的认识有所提高，明白了其重要性，通过随机提问、在线调研等形式进行检查，学生都能准确回答。

校园内违反公德的不文明行为，如浪费食物、乱扔垃圾、随地吐痰等行为大幅减少，校园环境逐步向好。

同学之间形成了互相监督、同步提高的良好氛围。

(六) 经验反思

爱护公物、保护环境是每个公民应具备的基本素质，学生作为生态文明建设的中坚力量，具备良好的环保意识和与时俱进的环保观念，无论是对学生个体的健康成长还是经济社会的发展都具有重要的意义。

在本案例中，王老师针对部分学生公德意识不强、公德行为较差的现象，通过调查问卷、当面访谈等方式，了解了学生出现上述情况的真正原因。在制定解决措施的过程中，王老师从多方面入手，内容上与时俱进，带领学生学习了习近平总书记关于生态文明建设的重要讲话；形式上避免平白说教，通过专题讲座、环保实践等方式激发学生兴趣；人员力量上邀请了环保组织专家等专业人士，同时联合社区等力量进行教育。

三、深明大德

大德一般指人的学问、修养、品德等个人素养方面的成就，也指对家庭、社会做出贡献的能力。本处所指的大德是社会主义道德，其中爱国主义、集体主义是核心。

社会主义核心价值观的中“爱国、敬业”设立的就是个人的道德维度，是“明大德”的要求，所以大德指向的是祖国，即大德关注的是爱国心，表现为热爱祖国、热爱人民，为了祖国勇于献身等情感品质。

深明大德包含“缅怀先烈、热爱祖国”“红色传承、一心向党”“敢于担当、乐于奉献”三个部分，它是社会的底色，是时代的命脉，是民族的灵魂。要引导学生铸牢理想信念，在大是大非面前旗帜鲜明，在风浪考验面前无所畏惧，在各种诱惑面前立场坚定；有责任有担当，为人民服务，为社会主义砥砺奋斗。开展党史教育、红色基因传承活动，充分利用好身边的红色资源，讲好党的故事、革命的故事、英雄的故事，加强爱国主义、集体主义、社会主义教育，教育引导广大青少年坚定理想信念、鲜明价值取向、养成良好品德，努力成长为担当民族复兴大任的时代新人，成长为德智体美劳全面发展的社会主义建设者和接班人。

材料阅读

习近平总书记指出，要用好学校思政课这个渠道，推动党的历史更好进教材、进课堂、进头脑，教育广大青年坚定历史自信、筑牢历史记忆，满怀信心地向前进。我们有着丰富的党史事件、红色资源和不可胜数的革命先辈故事，要牢固确立“大思政课”思想，充分利用好红色文化资源的优势，把红色基因汇入学生的血液里，做到有理、有据、有根、有灵魂。

首先通过深明大德，借助“缅怀先烈、热爱祖国”主题活动，开展“国旗下的讲话”“清明节祭英烈”“缅怀先烈、清明祭扫”“国家安全，人人有责”专题活动，夯实学生德育培养，助力学生全面进步和有序提升，促进学生的有效化发展。要使学生更好地认识、理解和把握党史知识，特别是要立足于大的历史视野，以红色文化资源为基础，把我们党的不懈奋斗史、不怕牺牲史、理论探索史都讲明白，让学生了解中国共产党是什么，要做什么，为什么会有这样的红色政权在中国，以及今天的幸福生活是如何来的。要使学生坚持正确的党史观，以准确翔实的史料引导学生理解历史发展的主题主线、主流本质，科学评价党史上的重大事件、重要会议、重要人物，使正史成为全体学生的共识。在思政课堂里引进红色资源，建设红色资源知识库，对红色文物、红色文献、红色故事等进行数字化发掘，使学生深刻理解红色文化与思想政治教育之间的内在联系；收集、梳理、构建教学资源库，为教学提供准确、生动、翔实的历史依据，要根据红色资源的种类特征，根据不同阶段的学生认知规律，对红色资源的应用进行科学的规划与设计。在中职阶段，要建立起各种课程相互配合、整体实施的思政教学体系，探索精神密码，拓展“大思政”教育的内涵。“大思政课”的教学要按照思政教育特点来进行。红色基因是中国共产党人永葆本色的精神密码，是值得广大学生继承和发扬的一种珍贵的精神财富。

其次，开展“红色传承、一心向党”专题活动，让同学们缅怀革命先烈，增强热爱中国共产党的政治情怀。要传承红色基因，赓续红色文明，需要将理论性的历史化记忆转换成实践性的共时化记忆，也就是说在这个过程中，需要展开一系列的具体活动。以怀宁县为例，近年来，怀宁县月山镇对红色基因传承活动不断进行创新，以公益效益为基础，以经济效益为增色，在经济和公益双重发展下，通过实地感悟与体会，引导红色文明具有时代性的跨域，红色基因在双向视域中得到双向传承。一方面，重视红色革命基地的保护和建设，进行物质化的具象传承；另一方面，通过红色经典传承活动的举行，进行精神化的抽象传承。在此基础上，将革命精神与时代特点相结合，时代性和民族性相统一，促进红色基因全方位、多领域的涉及和渗透。另外，在一系列的红色遗址中，有些遗址并未被人熟知，而随着时代的变迁，也有可能会遭到遗忘。因此，要采取措施活化这些红色资源，推动红色文化传承发展。以安庆铁铺岭战斗遗址为例，作为红色遗址，安庆铁铺岭在熟知度上有一定的局限性，可以开展相关活动，讲述本地发生的故事，再现当时的战斗情形等，让大家充分了解这段历史、记住这段历史，从而做到红色传承。从这一方面来说，这是在扩大红色基因传承范围，延伸红色文明传承广度。

最后，以“敢于担当、乐于奉献”为主题，推出“我在图书馆做服务”“感家国之爱，担民族复兴大任”等活动，打造多元实施路径，助力对学生的全面化培养。红色文化资源的教育意义，既是对共产党历史文化的准确传承，也是对学生思想上的启蒙和精神濡养。“大思政课”要善于运用红色资源，讲好情怀，使广大学生对我们党的宗旨性质的认识、对英雄模范人物的崇拜，融入自身的价值追求和责任担当中。要让红色文化资源渗透到学生生活中，确立“生活即教育”的思想，使红色文化资源走进现实生活。把红色遗址变成课堂，以实践体悟为核心，打造“大思政课”体系，组织广大学生进入革命博物馆、纪念馆、党史馆，在历史事件现场开展教学活动、主题教育活动、志愿服务活动，通过研学旅游等实践活动达到触景生情、以意促行的教育作用。

典型案例

红色传承、一心向党

（一）案例背景

2015年12月30日，习近平总书记在主持中共中央政治局第二十九次集体学习时强调，实现中华民族伟大复兴的中国梦，是当代中国爱国主义的鲜明主题。要大力弘扬伟大爱国主义精神，大力弘扬以改革创新为核心的时代精神，为实现中华民族伟大复兴的中国梦提供共同精神支柱和强大精神动力。2019年9月16日，习近平总书记在河南参观鄂豫皖苏区首府革命博物馆时强调，革命博物馆、纪念馆、党史馆、烈士陵园等是党和国家红色基因库。要讲好党的故事、革命的故事、根据地的故事、英雄和烈士的故事，加强革命传统教育、爱国主义教育、青少年思想道德教育，把红色基因传承好，确保红色江山永不变色。

爱国主义是中华民族精神的核心。爱国主义精神深深植根于中华儿女心中，是中华民族的精神基因，激励着一代又一代中华儿女为祖国发展繁荣而不懈奋斗。教育是国之大计、党之大计。深明大德，培养学生爱国主义精神，是教育工作者所肩负的重要使命。青少年是祖国的未来，承载着国家和民族的希望。爱国主义教育对于青少年的成长和发展具有重要意义。

当前部分中职学生存在对人们所赞扬的爱国主义精神及英雄人物没有深刻认知、历史方面知识比较模糊、不喜欢阅读爱国主义相关书籍等问题。为解决此类问题，不仅需要中职学校的学生学习文化知识，还需要教师加强爱国主义的教育，培养他们深厚的爱国情感，使他们在成长过程中树立积极、主动地为祖国的建设事业而努力奋斗的目标。

（二）情景再现

李老师是一所中职学校的专业课老师，接手了新班级班主任工作，经过一段时间的努力，教学工作进展很顺利，老师与学生之间、学生与学生之间在教育教学过程中形成了良好的互动关系，这样的场面一度让李老师感到辛勤的付出是值得的。但是在和同学们的相处中，李老师观察到部分同学在深明大德、爱国主义方面表现得不太好。如有的同学缺乏对祖国历史和文化的深入了解和认识，对祖国的认同感和归属感不强；有的同学缺乏对社会公德和个人道德的自觉维护；有的同学缺乏对国家和民族优秀传统文化必须得到传承和弘扬的认知……

（三）案例分析

经过观察与分析，学生们的不良表现可以归纳为这三个方面：对祖国历史和文化的了解和认识不够；对社会公德和个人道德的自觉维护存在认识上的偏差；对国家和民族优秀传统文化的传承和弘扬存在感性上的认知不足。

面对学生们存在的上述问题，李老师设计了调查问卷，在全班范围内对学生存在的上述表现进行了统计，掌握了学生主要的不正确情感认知以及有过这类情感认知的学生比例，结果显示，80%的学生对祖国历史和文化的了解和认识不够。李老师又通过在线调研、谈话等方式，对学生的情感认知动机进行了了解与分析，学生出现上述情感认知的主要原因有下面几点。

（1）学生层面。

学生缺乏对祖国历史和文化的系统学习，对重要历史事件和传统文化的了解不深入；缺乏对祖国文化遗产的保护和传承意识，忽视传统文化的重要性；缺乏对祖国文化的自信和自豪感，容易被外来文化影响而失去对本土文化的认同；缺乏对祖国文化的创新和发展意识，对传统文化与现代社会的结合点的认识不够；缺少对祖国文化交流的积极参与，缺乏对国际文化交流的开放心态。

（2）学校层面。

学校教育目标和课程设置过于注重学科知识和技能的传授，忽视了对学生爱国主义情感的培养；学校缺乏对爱国主义教育的规划和设计，缺乏相应的教育内容和资源；学校管理机制不健全，缺乏对学生爱国主义情感的考核和评价；学校与社会联系不够紧密，缺乏对社会和政治问题的关注和参与，无法为学生提供实践机会和社会责任感的教育。

（3）家庭层面。

家庭教育观念滞后，缺乏对爱国主义教育的认识和重视。家长忙于工作和生活，缺乏时间和精力关注孩子的爱国教育和培养。家长自身缺乏爱国主义精神，无法给孩子以正面的榜样和影响。家庭环境和氛围不利于孩子接受爱国主义教育，缺乏相关文化氛围和资源。家长过于追求功利性目标，忽视对孩子全面素质的培养，包括爱国主义情感的培养。

（4）社会层面。

随着年龄的增长，学生们能广泛、便捷地接触到社会各个方面，中职阶段的学生尚未形成正确的价值观，容易受到社会上不正之风的影响。特别是一些负面的、消极的、不健康的内容影响着青少年的成长，如个人利己主义思想、贪图享受的思想、诚信缺失现象等一系列不良的思想和不健康的生活方式，都影响着青少年爱国主义精神的培养。

（四）解决策略

学校应该加强爱国主义教育。学校是学生接受教育的主要场所，也是培养学生爱国主义精神的重要途径。学校可以通过开设相关课程、组织参观活动等方式，让学生了解国家的历史、文化和发展成就，增强学生的爱国情感。同时，学校应该注重培养学生的社会责任感和公民意识，让学生明白自己作为一个公民应该为国家和社会做出贡献。

家庭也应该承担起培养学生爱国主义精神的责任。家庭是孩子成长的第一课堂，家长应该在日常生活中注重培养孩子的爱国情感。例如，可以带孩子参观一些历史遗迹或博物馆，让孩子了解国家的历史和文化；可以让孩子看一些优秀的国产电影或电视剧，让孩子感受中国文化的魅力；可以和孩子一起参加一些志愿者活动，让孩子亲身体验到为社会做贡献的快乐和意义。

社会各界也应该共同参与到培养学生爱国主义精神的行动中来。政府可以加大对教育事业的投入力度，改善教学条件和办学环境，为学生提供更好的学习环境和条件；媒体可以加强对爱国主义教育的宣传力度，让更多的人了解爱国主义的重要性；企业也可以通过开展一些公益活动来回馈社会，为培养学生的爱国主义精神做出贡献。

每个人都应该从自身做起，积极培养自己的爱国主义精神。可以通过多读书、多看报、多关注国家大事等方式了解国家的发展状况和社会热点问题；可以通过参加一些志愿活动、捐款捐物等方式为社会贡献出一份力量；还可以通过自己的言行举止来传递正能量，为身边的人树立榜样。

（五）干预成效

同学们对祖国历史和文化有了进一步的了解和认识，对祖国的认同感和归属感明显增强。

同学们对社会公德和个人道德可以做到自觉维护。

同学们能对国家和民族优秀传统文化积极传承和弘扬。

（六）经验反思

培养学生的爱国情感和社会责任感，这需要学校、家庭和社会共同努力，通过各种形式的教育和活动培养学生的爱国情感和社会责任感。

注重爱国主义教育的实效性。爱国主义教育不仅仅是一种口号或者宣传，更重要的是要让学生真正理解和体验到爱国主义的内涵和价值。因此，教育者需要注重教育的实效性，具体的实践和体验可以让学生感受到爱国主义精神的力量。

避免爱国主义教育流于形式。一些学校可能过于注重爱国主义教育的形式，例如强制要求学生背诵爱国诗词文章而不挖掘背后的故事、含义等。这种形式主义的做法可能会让学生产生反感和抵触情绪，从而影响他们对爱国主义精神的理解和认同。

注重爱国主义教育的多元化。爱国主义教育不应该局限于学校，而是应该贯穿于整个社会和文化生活中。因此，需要注重爱国主义教育的多元化，开展各种形式的文化活动、媒体宣传活动等，让更多的人了解和认同爱国主义精神的价值。

四、思政同德

思政同德指在思想上、政治上认同中国共产党的领导，拥护“两个确立”，做到“两个维护”，增强“四个意识”，坚定“四个自信”。

思政同德包含“坚信理想、道路自信”“坚持学习、理论自信”“坚定信念、制度自信”“坚守传统、文化自信”四个部分。它集课程思政、实践思政于一体，挖掘不同学科和专业课程的思想政治教育资源，开展思想政治活动，形成思想政治教育的合力，引导学生汇聚中国力量、弘扬中国精神、厚植中国情怀，热爱祖国，坚决拥护中国共产党领导，认同社会主义核心价值观，守护国家利益，为党和人民的事业贡献自己的力量。

材料阅读

2014 年 9 月，习近平在纪念孔子诞辰 2565 周年国际学术研讨会暨国际儒学联合会第五届会员大会开幕会上的讲话中指出，孔子创立的儒家学说以及在此基础上发展起来的儒家思想，对中华文明产生了深刻影响，是中国传统文化的重要组成部分。儒家思想同中华民族形成和发展过程中所产生的其他思想文化一道，记载了中华民族自古以来在建设家园的奋斗中开展的精神活动、进行的理性思维、创造的文化成果，反映了中华民族的精神追求，是中华民族生生不息、发展壮大的重要滋养。

儒家思想产生于春秋战国百家争鸣的思想大解放中，它的主要思想是：仁、义、礼、智、信，民为邦本。同时期的墨家主张兼爱、非攻、尚贤、节用；法家则尚法，主张以法为工具来管理国家。党的十八大倡导的“富强、民主、文明、和谐，自由、平等、公正、法治，爱国、敬业、诚信、友善”的社会主义核心价值观，是吸收了中华民族传统文化养分后的结晶。所以说，中国特色社会主义文化，源自中华民族五千多年文明历史所孕育的中华优秀传统文化，熔铸于党领导人民在革命、建设、改革中创造的革命文化和社会主义先进文化，植根于中国特色社会主义伟大实践。我们要学习中国特色社会主义文化的内涵，从精神内核里坚定中国特色社会主义道路自信、理论自信、制度自信、文化自信。

思政同德在校园学习生活中通过四个方面体现。

坚信理想、道路自信：中国特色社会主义道路是党和人民一百多年奋斗、创造、探索出的一条适合中国国情的道路，我们要坚定不移地走中国特色社会主义道路，这样才能实现国家富强、民族振兴、人民幸福的中国梦。当前，我们比历史上任何时期都更接近中华民族伟大复兴的目标，新时代的中职生正当其时，正处在我们国家从富起来到强起来这一伟大征程中。通过开展“我的中国梦”“喜迎二十大、永远跟党走、奋进新征程”“我与祖国共奋进——国旗下的演讲”等主题活动，引导学生树立共产主义远大理想，坚定道路自信，走技能成才、强国有我之路，为实现中华民族伟大复兴挥洒自己的汗水。

坚持学习、理论自信：中国特色社会主义理论体系是同马克思列宁主义、毛泽东思想既一脉相承又与时俱进的理论，是科学的世界观和方法论。中职生正处于世界观、人生观、价值观形成的关键时期，要扣好人生第一粒扣子，用正确的理论来指导学习和生活，只有这样，才能成长为担当民族复兴大任的时代新人。

坚定信念、制度自信：相信社会主义制度具有巨大优越性，相信社会主义制度能够推动发展、维护稳定，能够保障人民群众的自由平等权利和人身财产权利。中职生作为社会主义的建设者和接班人，必须坚定拥护中国共产党领导和我国社会主义制度，立志为中国特色社会主义事业奋斗终身。学校通过开展“我们一起学党史”“习近平新时代中国特色社会主义思想主题教育”等活动，引导学生坚定共产主义信念，形成制度自信，并且内化于心，外化于行。

坚守传统、文化自信：传统文化是我们的根，浇花浇根，育人育心。一个不记得来路的民族，是没有出路的民族。传统文化彰显了中国底色和中国气派，在全球化的大趋势下，中职生需要学习传统文化，将传统文化发扬光大，让传统文化以更加挺立的姿态面向世界、面向未来。

典型案例

坚守传统、文化自信

（一）案例背景

在当代社会，随着全球化进程的不断深入，不同文化之间也在不断交融和碰撞。我们越来越需要增强对自己传统文化的了解和认同，以提升我们的文化自信。党的十八大以来，党中央高度重视中华优秀传统文化的继承和弘扬工作，明确提出，要深入挖掘中华优秀传统文化蕴含的思想观念、人文精神、道德规范，结合时代要求继承创新，让中华文化展现出永久魅力和时代风采。习近平总书记强调“文化自信，是更基础、更广泛、更深厚的自信，是更基本、更深沉、更持久的力量”。纵观中华民族五千多年历史，每一次的国力强盛无不伴随着文化强盛。文化兴则国家兴，文化强则民族强，要想完成中华民族伟大复兴，必须大力弘扬传统文化，建立自己的文化自信。中等职业教育担负着培养德智体美劳全面发展的高素质劳动者和技术技能人才的任务，高素质的技能型人才更能适应当下我国经济发展的需要。目前部分中职生平时比较偏重对专业技能课的学习，对文化方面的学习不够深入，所以加强对中职生优秀传统文化的教育，厚植文化自信，引导学生坚守传统、形成文化认同显得刻不容缓。

（二）情景再现

李老师是一所中职学校刚入职不久的历史老师，新学年，李老师承担起二年级的历史教学任务。李老师发现，中职历史教材仅有《中国历史》一本教材，类似于纲要性质，一个学年 72 个学时，主要是让学生了解历史。如何在有限的学时当中，引导学生对中华民族五千多年的文明历史、灿烂文化有清晰的了解，从而将文化自信厚植于学生内心深处，对教材内容的选取和把握到位显得相当重要。李老师在课堂上发现，同学们对传统节假日比较感兴趣，但大部分同学对传统节假日背后的历史文化知之甚少。例如，在讲到春秋战国时期的历史人物介子推时，仅有个别学生知道介子推与寒食节之间的关系，大部分学生则感到十分茫然。他深感仅仅靠课堂教学，难以在短时间内厚植学生的文化自信，必须将对传统文化的学习从课堂延伸到课堂之外，调动一切可以利用的资源。

（三）案例分析

(1) 学生层面。

从学生层面来看，部分中职生的文化基础相对比较薄弱，平时主要通过浏览短视频的方式来学习一些课外的比较零散、碎片化的知识，对传统文化缺乏系统的了解。另外，传统节日的某些形式根植于传统社会，与快节奏的现代生活方式存在一定程度的脱节。在当今社会高速发展、各国文化渗透的情况下，西方社会的某些强势文化渗透到我们日常社会生活中，在学生群体中形成了一定的市场。学生在平时的学习中，通常比较重视与技能高考相关的课程，对于与升学就业关系不大的课程，则缺乏学习的动力。这些都是学生对传统文化认识不够深入的原因。

(2) 学校层面。

从学校层面来看，学校在课程的开设方面，相对而言比较重视专业课，传统文化课程的开设显得非常单薄。在举办传统佳节的庆祝活动时，形式上比较丰富，但对传统文化的挖掘不够深入。学校在文化的宣传方面，比较注重对学生的行为规范、仪容仪表，以及以学校为基础的校本文化的宣传，基本上没有单独开设对传统文化的宣传窗口。在活动的开展方面，对邀请国学专家来校讲授传统文化、深挖传统文化内涵的活动推进甚微。在平时组织学生集中学习时，比较注重对学生进行心理方面的建设，对传统文化的宣传和介绍显得相对比较薄弱。

(3) 家庭层面。

从家庭层面来看，家长平时主要忙于工作，很少关注孩子文化素养方面的教育。另一方面，部分学生的家长自身文化基础比较薄弱，他们难以在学生的文化素养建设方面有很大的帮助。

(4) 社会层面。

从社会层面来看，社会发展速度非常快，从前的“车，马，邮件都慢”早已成为过往。在市场经济大潮的影响下，人们追求物质文化的享受，对精神文化的追求显得相对比较薄弱。商家们大多以传统文化为包装，重点在促进自身商品的销售，对传统文化的宣传则是醉翁之意不在酒。

（四）解决策略

（1）学校层面：举办相关活动，营造节日气氛。

端午节是纪念我国伟大的爱国诗人——屈原的节日，赛龙舟、吃粽子是端午节的纪念形式。值此传统佳节来临之际，学校可以为学生准备充足的材料，举办“包粽子、忆佳节”活动，各班级学生可自愿报名参加。活动中可以组织学生背诵屈原的经典作品，或者讲一讲屈原的生平，对表现突出的学生给予一定的物质奖励，如适当多发一些粽子。在活动开始前，组织者向同学们讲述端午节的来历，讲一讲屈原的故事。等粽子包完煮熟，准备开吃的时候，组织者引导同学们：两千多年过去了，为什么人们至今都在纪念缅怀屈原？屈原身上有什么精神值得我们学习？当各班代表受到感染后，进一步呼吁大家：我们要坚守传统文化，将传统文化的精髓传承下去，吸取营养，内化于心，外化于行。要求大家向身边的同学、亲人、朋友宣讲我们的传统文化，从而形成整个社会都坚守传统、从内心深处认同中华民族优秀传统文化的氛围。

江西滕王阁景点，只要游客能够完整背诵出王勃的《滕王阁序》就可以免去门票，这种激励游客积极参与传统文化传承的做法可以作为范例进行推广，学校可以多组织类似的传统文化传承活动供学生参加，让传统文化传承活动在学校成为一种校园文化。

（2）班主任层面：打造班级最“炫”的中国风。

在传统的春节来临之际，教师可以举办征集班级对联的活动，将全班同学根据各自的特长分成不同的小组：集思广益组、书法组、贴对联组。有文学才华的同学可以想对联内容，讨论创作，集思广益。待对联征集到一定的数目后，组织学生进行投票，得票最高的可以选为本班的对联，再召集“小书法家”们书写，从中选出最佳的一幅，让贴对联组的同学将对联贴在教室的大门口。此活动可以让学生全员参与进来，新桃换旧符、新年新气象，让学生感受到传统佳节、中国书法、汉字的独特魅力。

中国的艺术门类众多，但书法和绘画统领着中国美术的其他门类，自从有了文字，就有了书法。中国书法是一门古老的艺术，它伴随着中华文明的发展而发展。世界上，拥有书法艺术的民族屈指可数，中国书法具有悠久的历史。商朝甲骨文诞生以来，中国的文字经过演变延续至今，在演变过程中，中国文字形成了一门独特的艺术，这门艺术就是中国书法，世所罕见。中华文明源远流长，代代相传，是世界上唯一延续至今仍然没有中断的文明。

还可以办黑板报、手抄报，在教室墙壁上张贴传统文化名人海报等，让传统文化走进教室。

这些传统文化的教育与传承，让同学们感受到传统文化的魅力，成为传统文化的传承者。

（3）任课教师层面：重视课程思政中对传统文化的宣传。

中职基础课程教学中的语文和历史学科，是很好的让传统文化进入课堂的载体。历史教师在课堂上讲述到与传统文化相关的历史人物时，要着重介绍，可以采取点线结合的教学方式，以学生相对来说比较熟悉的点切入。例如在讲到春秋时期的历史时，可以向同学们着重介绍春秋三杰之一的介子推，介绍他的生平事迹，以及他与寒食节的关系，介绍山西的介休（介子推休于此）、绵山（介子推隐居的地方），让学生们感受祖国秀美的大好河山及背后深厚的文化底蕴。

教师在讲述古代历史时，讲到哪个朝代，可以穿带有那个朝代特征的衣服，让历史立体鲜活起来，让传统文化成为最“炫”的民族风。通过多种方式，春风化雨、潜移默化地引导学生感受传统文化的魅力。

在上课前，教师可以指导学生编排历史情景剧，学生通过角色扮演亲身参与到课堂中来，既丰富了课堂形式，又能够自然引导更多的学生认同传统文化、传承传统文化。

（4）家庭层面：家长应重视传统节日的家庭纪念氛围。

家长需要加强对传统文化的学习，营造更好的家风，让孩子感受到来自家庭里传统文化的熏陶。这样可以让孩子有很好的文化基础，昔日孟母三迁，就是为了孟子小时候有更好的成长环境。家长的言传身教对孩子的影响是很大的。

（五）干预成效

在学校及各方的努力之下，学生对传统文化的了解越来越深，从学生的作文里面可以看出，他们引用更多的典故来使自己的作文更有底蕴；学生在平时的谈吐中，也学会了“咬文嚼字”，可以看出他们身上的书卷气、灵秀气。

在课堂上，当讲解到与传统文化相关的内容时，有更多的学生参与到课堂互动中来，学生对相关内容的兴趣更加浓厚。

（六）经验反思

一些青少年学生热衷于过“洋节日”，针对这一现象，要引起高度重视。传统节日是传统文化的一部分，传统文化是我们的根，是我们的底色。部分青少年学生对“洋节日”的重视和对传统佳节的漠然形成鲜明对比，追根溯源，还是缺乏对传统文化的深厚自信。

党和国家在整个社会层面更是高度重视对传统文化的宣扬，一个不记得来路的民族，是没有出路的民族。只有人人坚守捍卫我们的传统文化，同时整个社会大力营造学习之风、创新之风，才能不断将传统文化发扬光大，推陈出新，周虽旧邦，其命维新。每一个中职生都是传统文化传承的载体，只有让传统文化的根植入每个人的内心深处，传统文化才能犹如源头活水。

同时，学校可以举办一系列活动，让传统文化进校园、进教室、进课堂，让学生在日常学习中能够感受到传统文化的熏陶。只有人人担负起这赓续民族文化的重任，我们的文化才能犹如源头活水，生生不息。

新时代教育工作者更应该承担起坚守传统文化的责任，让五千多年优秀的传统文化能够在新时代青少年中落地生根，赓续不绝。厚植学生对传统文化的自信，让学生在担当民族复兴的重任中有着强大的精神动力。

严守私德是己之操守，恪守公德是众之航标，深明大德是国之旋律，思政同德是信仰保障。建立“道德品质”成长桥，不忘立德树人根本任务，牢记为党育人、为国育才使命。

第五章 学生成长之“人文素质”成长桥

第一节 “人文素质”成长桥的目的和意义

人文素质指人们在人文方面所具有的综合品质或达到的发展程度。人文素质是人对生活的看法，内心的道德修养，以及由此而生的为人处世之道。其包括人文知识、人文思想、人文方法、人文精神，其中人文精神是核心。人文素质的形成主要有赖于后天的人文教育。

中职生人文素质指中职生经学校人文教育后，在人文方面所形成的综合品质或达到的发展程度。在我校学生三座成长桥的搭建中，行为规范的养成与道德品质的提升是促进中职生人文素质形成的基石。学生在中职学校的三年里，需要汲取一定的人文知识，比如历史、文学、政治、法律、艺术、哲学、语言等人文领域的基础知识，丰富自身的底蕴；同时需要形成支撑中职生人文知识的基本理论及人文思想，比如民族自豪感、传承中华传统文化、爱国主义情怀、革命精神等具有鲜明意识形态特征的人文思想。中职生更需要学会利用人文思想中所蕴含的认识方法和实践方法思考和解决问题。培养中职生人文素质最重要的目的之一是使中职生在正确的世界观、人生观、价值观的基础上形成人文精神，比如民族精神、时代精神、创新精神、艰苦奋斗精神等。

在中职阶段的教育中，人文素质的提升伴随着中职生三年的成长历程，学校建立的“人文素质”成长桥，就是为了体系化、科学性地提高中职生综合素养与能力，最终实现中职生成人成才的目的。

第二节　"人文素质"成长桥的内容和典型案例

根据部分中职生在学习积极性、专注力、勤奋度等方面较为薄弱的实际情况，从学生进入中职阶段开始，学校就要注重学生人文素质的培养，从明确学习目标、掌握学习方法、制定学习规划入手，同时依托社团活动、文明风采活动、校园文体活动等丰富多彩的校园活动来提高学生的综合能力与素养。"人文素质"成长桥的建立，包含了敏学修智、勤学修技、乐学修艺、博学修身四个部分的内容。

一、敏学修智

敏，"疾也"，指做事动作快捷，后引申至勤勉努力、头脑反应快等。智，指聪明、智力强，引申义有智慧、智谋、计谋、策略、有智慧的人等。修，指装饰、精心美化，后引申至改造、整治，又引申为学习、追求、完善等。

敏学修智指我校学生在学校的培养与教育下，通过自己勤奋、努力地学习，成长为一个有知识、有一定智慧的合格人才。

在敏学修智中包含了"学习目标我来定""学习方法共分享""学习成果我收获"三个部分。根据我校校训"德才兼备、知行合一"，引导学生明确学习目标、增强学习能力、优化学习方法，使我校学生重拾对学习的自信心，同时使我校学生明白专业技能课程与基础文化课程学习同等重要，在中职阶段努力学习专业技能，不断夯实文化基础，只要有明确的目标，并坚持下去，中职生一样可以成就精彩人生。学生在进入中职阶段学习后，敏学修智就是要培养学生更加明确学习目标，亦可称之为职业目标，掌握更科学的学习方法，激发更活跃的学习兴趣与动力。在中职阶段对文化和技能学习的持续推动，是奠定中职生未来可持续性发展的关键因素之一。

材料阅读

武汉市仪表电子学校计算机专业学生蔡捷，三年来奋发图强，即便家里遭遇变故，始终保持专业第一的好成绩，并积极参加创新创业大赛、学校数学比赛、计算机办公应用比赛、文学作品大赛，均取得优异成绩。目前，蔡捷已获得全国计算机等级考试二级合格证书并自学高级编程等技能。他用实际行动诠释了"梅花香自苦寒来"的难能可贵。

优异成绩的背后离不开他异于常人的坚持和努力。蔡捷在寒暑假仍然高度自律，严格执行每天 8～10 小时的学习安排，练习 Office 技能、学习 C 语言、强化理论知识……一天的时间被安排得满满当当。

"虽然疲倦，但很满足。每一次努力，都让我离目标更近了一点。"蔡捷在假期生活中争分夺秒，平日学习也不放松。相比于图书馆，他更喜欢在宿舍学习，他觉得学习环境不是问题，学习心态更重要。刚开始在宿舍学习时，有室友不理解他为什么这么努力，也有人戏称他为"卷王"。他一点儿也不在意，反而学得更起劲儿了，室友有不懂的问题问他，他也都耐心解释。面对同学们的学习困惑，他毫无保留地一一解答。如今在蔡捷的带领下，各宿舍的熄灯时间越来越晚，一盏盏亮着的灯，照亮蔡捷和同学们为梦想奋斗的路。另外，从第二学年开始，他就主动召集同学组成刷题小队，互相督促学习。

蔡捷刚入学时，便经历了爷爷过世的伤痛，学习期间，爸爸也因车祸不幸离世。那段时间他好像失去目标的船帆，飘荡在无边无际的海洋里。但他不愿相信命运的捉弄，为了补贴家用，他找了一份学校食堂的兼职，每天天没亮就起床工作，上课前匆忙赶去教室。课堂之外，他也非常努力上进。练题背书，加倍努力强化自己的各项专业技能，顶着生活上的种种压力，蔡捷始终保持名列前茅的优秀成绩。

经历人生之苦的他，对这个世界充满善意。班主任王小艳老师表示，全班39位学生，无一人不说蔡捷好，大家都得到过他或大或小的帮助，无论哪一科在学习上遇到难题，或者日常有需要帮忙的地方，同学们第一个想到的就是蔡捷。王小艳老师动情地说："这个孩子太温暖了，总是竭尽所能地向同学伸出援手。"

蔡捷给自己定下了考上本科院校的目标，梦想在大学里继续学习深造，不断提升和精进自己的专业技能。"学校给我们提供了很多资源和机会，大家的期待和鼓励一直是我前进的动力。"如今的蔡捷，相比入学时的迷茫，有了更多的自信和勇气，他坦然表示："上中职绝不意味着失败，这种偏见应该被打破。只要端正学习态度，坚持和努力，接受职业教育也能实现'弯道超车'"。

典型案例

学习目标我来定

（一）案例背景

随着经济社会的不断发展，为满足广大中职生及家长对高质量职业教育的需求，近几年国家对职业教育体系的改革与探索力度不断加大，职业教育"纵向贯通"的步伐越来越快。中等职业教育是职业教育基础的定位愈发明显，也就是说中职生可以根据自己的学习情况与能力，通过技能高考、单招、一贯制等多途径选择大专院校、本科院校继续深造。中职教育从"以就业为主"，逐渐演变为"以升学为主"，中职生在就业与升学方面的选择路径越来越宽，这对于中职生学习文化基础课的要求与标准也随之提高，由此，中职生进校后明确学习目标，树立学习信心，持续培养良好的学习习惯是其重要任务。

（二）情景再现

刘老师是一所中职学校专业课老师，新学年，刘老师主动申请担任本专业"3+2"新生班级的班主任。所谓"3+2"班级，就是贯通中职与对口高职的五年一贯制衔接培养班。因为对口的高职院校在国内有名气，办学口碑好，所以吸引了一批中考分数较高的初中毕业生。经过一个学期的班级管理，刘老师发现本班同学在文化基础课学习、专业技能学习等方面出现了学习积极性不高、学习动力不足等较为明显的问题，学期期末考试成绩更让人大跌眼镜，数学成绩及格的同学寥寥无几，英语与语文成绩也不甚理想。期末考试后，面对糟糕的考试成绩，刘老师找了几位同学了解情况，通过与同学们的沟通，刘老师发现同学们普遍存在几个问题。第一，绝大部分同学对"3+2"这种五年衔接式的培养模式不了解，认为可不参加普通技能高考，不用好好学习也能成功转段对口大专，所以没有明确的学习目标和方向，造成对学习不重视的思想。第二，部分同学在家长的建议下报读“3＋2”专业，这部分同学在进入中职学校以后，产生了消极情绪，有应付父母的心态，对中职阶段的学习没有用心。

同时刘老师也与部分学生家长进行了联系，发现家长存在同样的问题。家长对孩子就读中职学校的目标与要求不清楚，只知道读这个专业好，三年后可以到大专就读，对学生基本的学业要求不清楚，对转段的考核过程完全不了解，普遍认为只要孩子读完中职就可以顺理成章地进入对口大专学习。

面对这种情况，刘老师果断在第二学期开学后就召开了班级家长会和主题班会。在班级家长会中，刘老师向家长们详细讲解了本专业“3＋2”五年衔接式的培养模式、培养目标、学习任务、考核要求、转段标准等方面内容，让学生家长们认识到了孩子在中职阶段还要继续努力学习，筑牢文化课与专业课基础，为适应高等学府的教育教学做好铺垫，为未来的可持续发展打下坚实的基础。

同时以“明确学习目标，树立学习信心”为主题，开展班会，宣讲“3＋2”五年衔接式培养的对口高校情况、过程考核要求、转段考试要求等。一方面，统一学生思想，提醒同学们在中职阶段不能放松对学业的要求，还要加强文化基础课与专业课程的学习；另一方面，鼓励全体同学树立自信心，让同学们明白读“3＋2”专业有前途，未来大有可为。

在组织完主题班会后，刘老师还利用周末休息时间，组织全班学生，还有部分家长一同参观了对口高校，让学生与家长对未来读书的大学有了一定的认识和了解，通过徜徉于高校的文化海洋，近距离感受大学学习氛围，进一步增强了学生对学习目标的认识，坚定了大部分学生的奋斗理想。

通过刘老师在第二学期开学后的一系列教育工作，绝大多数同学转变了思想，明确了学习目标，端正了学习态度，普遍确定了转段考试不掉队、大学学习有基础、持续发展有后劲的良好愿望与努力方向。

（三）案例分析

基于刘老师解决本班（中职“3＋2”班级）学生学习动力不足、积极性不高、自信心较弱问题的案例，可以从以下四个层面分析。

（1）学生层面。

通过案例发现，部分初中毕业生在进入中职学校后，存在学习目标不明确、学习积极性不高、缺乏主动学习精神等问题，所以正确教育引导中职生解决自信心不足、学习动力不强等问题，是学校教育的重点与难点。

（2）学校层面。

中等职业教育作为职业教育的基础，面对中职生文化基础相对薄弱的情况，在专业理论与技能课程的教学中，还存在沿用传统教学模式与方法的问题，导致学生对专业学习缺乏兴趣。面对较为复杂的专业理论与技能讲解，部分文化基础薄弱的学生因不易理解与掌握，久而久之产生了专业难学、技能难教的两难局面。另外，在基础文化课程的教学中，有时会出现难以调动学生的学习积极性与主动性的情况，导致部分学生对基础文化课程的学习望而却步。

（3）家庭层面。

部分家长与孩子的交流沟通存在问题，对孩子学习上的鼓励严重缺失，经常抱怨与指责孩子，不利于中职生自信心的建立与培养。

（4）社会层面。

随着国家对职业教育发展的重视，对技术技能型人才培养的关注，职业教育的吸引力逐年上升，绝大多数中职生能够通过技能高考、中高职衔接、高校自主招生等模式进入高校继续学习深造。但受中职生文化基础相对薄弱的制约，目前中职生在继续接受高等教育的纵向贯通方面还存在一些困难。

（四）解决策略

面对新进校的中职生，让学生树立自信心，明确学习目标，点燃内心奋斗的火焰是学校实施教育的关键。学校应该重视中职生自信心的建立与培养工作，一方面，可以组织学生开展职业生涯规划活动，使学生深入了解最新的专业、行业、产业发展前景，组织学生参观高校及企业，激发学生对未来职业的憧憬，建立职业自信心；另一方面，可以开展丰富多彩的校园活动，从德智体美劳“五育”并举的培养目标出发，全面提高学生的综合素养。

（五）干预成效

案例中刘老师作为班主任，能及时通过学生表现、期末成绩等异常情况，发现学生目标不明确、学习自信心不足、学习动力缺失等问题；同时积极主动与学生及其家长进行沟通，深入了解学生、家长所思所想，有针对性地解决他们的困惑。通过家长会、主题班会、大学参观，逐步统一了学生与家长的思想，学生明确了学习目标与奋斗理想，基本达到了教育的目的与效果。

（六）经验反思

学生在中职阶段不但要重视专业技能与动手能力的提高，而且要加强对基础文化课程的学习，力求为进入高校继续深造奠定基础。同时，中职学校也应该适当调整教育教学目标与要求，不能仅仅满足于学生不良行为习惯的纠偏，还要注重学生生活习惯的培养，促进学生良好学习习惯的养成，重视学生学习能力与学习积极性的提高，通过持续的教育给中职生树立学习自信心，使其明确学习目标与方向，逐步带领中职生走出厌学、虚度时光的窘境。

二、勤学修技

勤，本义指劳累、劳苦；现代释义指做事尽力、不偷懒，有勤劳、勤快、勤奋、勤政、勤勉之义。技，“巧也”，指技术、技巧、技艺、技能。

勤学修技指我校学生在学校的培养与教育下，通过自己勤奋、努力地训练，成长为一个有一定技艺、技能的复合型合格人才。

在勤学修技中包含了“职业规划提前做”“专业技能勤训练”“技能竞赛‘试牛刀’”三个部分。学生进入中职阶段后，对于选定的专业学习方向与职业规划应该有较为明确的认识，学生对职业技能的掌握与精通是学校的重点培养目标。学校通过专业技能的教学，注重培养学生对专业的热爱与兴趣，引导学生做好职业规划。同时学生经过反复的实习实训，从而达到精进专业技能的目的，逐步培养勤学苦练专业技能的职业态度。

材料阅读

杨明同学是武汉市仪表电子学校2019级汽车运用与维修专业学生，他因在训练中受伤而错失中考体育加分的机会，加上中考失利，杨明同学一度陷入挫败中。在对自己的前路感到迷茫之际，他得知可以通过技能高考继续求学，圆梦大学，怀揣着一颗热忱的心，杨明来到了武汉市仪表电子学校。三年来，他勤学苦练，斩获各类奖项，在2021年底，他还获得了中等职业教育国家奖学金。

在刚进校时，由于刚刚接触汽车运用与维修专业，杨明觉得在学习上很有压力。但他碰到不懂的地方，就利用课余时间向老师请教，并在网上查找相关资料学习。在不断进步和老师的开导下，杨明逐渐摆脱迷茫，找到了前进的方向。正如他自己所言：“坚持把一件事情做好，其实也是一种成功。”

在一年级下学期，杨明申请加入了学校的汽车运用与维修技能大赛集训队，集训队对选手实行选拔淘汰制，淘汰的比率高达20∶1。为了留在集训队，杨明非常珍惜时间，午休时间也用来反复训练，晚上更是练习到寝室快关门时才会回去。在集训队训练之余，杨明还参加了学校的田径队训练，高强度的学习与训练，一度让他贫血进了医院。

在成为集训队正式参赛队员后，杨明放弃了田径队的比赛，专心准备技能竞赛。长达四五个月的训练，又时值炎炎夏日，即使实训室有空调，杨明也经常累得满头大汗。功夫不负有心人，杨明成功在2021年10月的武汉市中等职业学校学生技能大赛汽车运用与维修赛项中获得三等奖。班主任朱慧婷老师也对他的坚持印象深刻：“训练比较枯燥单一，而且环境也比较艰苦，再加上训练周期比较长，需要很大的耐性，他能够坚持下来真的很不容易。”

虽然每天的集训已经占据了大部分的时间，但对文化课的学习，杨明并未因此懈怠，他经常在晚上回到寝室之后，向同学们请教课程要求，积极完成课堂作业，坚持自主学习。杨明说，刚开始的时候，宿舍里总是自己一个人埋头学习，显得有点“另类”。但他始终坚守初心，排除干扰，静下心来做自己的事情。在他的影响和带动下，舍友们也开始一起学习，后来，他们寝室已然形成良好的学习氛围。每天回到寝室后，大家都会安静学习一小时左右。班主任朱慧婷老师也表示：“他的勤奋努力，带动了身边的同学学习。”

一路走来，杨明获得专业成绩排名第一的好成绩，并获得市级优秀学生与国家奖学金等荣誉。他深深感慨：“坚持下去，就一定会收获一个好的结果。获得国家奖学金，对我来说是一种鼓励和肯定，但并不代表我可以懈怠。”

在三年级下学期，杨明备战技能高考时虽然紧张，但他对未来信心满满。回顾在校三年的学习生活，杨明感慨万千：“来到中职并不是失败，而是转折点，努力可以攀上高峰，放弃只会坠入低谷。要对自己的三年中职学习有良好的规划，瞄准目标、坚定自我，不能随波逐流、迷失方向。”

心静志远，学思至深，信念坚定，顽强拼搏。一路走来，杨明用实际行动诠释着成才道路千万条，职校生一样能收获精彩人生。

典型案例

职业规划提前做

（一）案例背景

职业生涯是人生的重要部分，是影响人生发展高度的关键所在，而职业生涯应从何时开始规划为宜一直观点不一。中职生在进校前很少接触到职业概念，因此他们选择专业、职业比较盲目，也没有职业生涯规划的意识。进入职校后，部分学生表现出学习目标不明确、学习态度不端正、纪律不严明等问题，缺乏对所学专业的了解，缺乏对自我的合理认知，缺乏对未来和就业前景必要的信心。

2017 年底，教育部发布的普通高中课程方案中明确了高中教育的新定位，即“三适应一奠定”：促进学生适应社会生活，适应高等教育，适应未来职业，奠定每个学生的终身发展。文件要求在高中阶段就要引导学生进行面向未来职业的规划。同样，职业生涯规划教育也是中职生的刚需。学校通过对职业生涯认知、职业生涯探索、职业生涯准备等方面的讲授，培养学生的职业生涯规划能力，帮助学生由无意识的职业生涯发展转变为自觉主动的发展，由非理性的职业生涯发展转变为理性的发展。

（二）情景再现

新学年，张老师担任了增材制造技术应用专业（简称增材专业）2022 班班主任，班里大部分同学能遵规守纪，听从老师安排，但是一到上课时间，同学们就毫无精神，班级氛围变得死气沉沉，就连对待实践性很强的实训课积极性也不是很高。为了了解产生这一现象的原因，张老师找同学们逐一聊天。在聊天中发现，同学们在现阶段比较迷茫，对自己的未来没有信心，也没有明确的努力方向；还发现，同学们对自己所学的增材专业不是很了解，绝大多数同学在入校选择专业时是听从家长的决定或是随便选择的，对自己的未来没有规划和目标。

（三）案例分析

学生层面：学习基础相对较差，对自己的生活、学习及未来发展方向处于茫然无知的混沌状态；对所学专业不了解，未能将所学专业与未来职业发展相结合；缺乏自我认知、对社会认知度低、年龄小、性格上缺乏独立性、缺乏职业规划意识。

家庭层面：班级学生的父母大多数长期在外务工，对职业学校升学路径不是很清楚，导致与孩子的沟通交流存在一定的障碍；有的家长对孩子期望值比较低，对孩子的未来规划没有积极指引。

学校层面：职业规划和理想信念方面的教育不够深入。

社会层面：社会中部分人认为中职学生没有很大的发展前景。

（四）解决策略

(1) 开展问卷调查，找出问题所在。

对学生们进行关于职业生涯规划的问卷调查，对他们选择本专业的原因、对专业的了解程度、对专业的喜爱程度、对未来发展方向的选择等方面进行全面了解。将问卷调查结果与同学们一起分析，让其发现自己的问题。分析得出的结论为：同学们普遍对专业了解不够，对专业所涉及的行业不了解，对自身未来可选择的方向不明确等。

(2) 深入了解专业，提高学习兴趣。

请专业教师和行业代表讲解目前专业和行业的发展，工作岗位对专业的要求；带同学们参观专业实训室，观看专业纪录片等，让同学们对所学专业有深入了解，对自己未来的就业前景有所期待，把自己所学专业和职业选择结合起来，对自己未来的职业生涯有初步规划。

(3) 汲取榜样力量，激发学习热情。

邀请优秀毕业生到班级给同学们分享学习和成功的经验，激励同学们树立学习的信心，明确学习目标，并对自己未来的职业有所憧憬，让榜样带领同学们前进。

(4) 增强家校联系，共同引领成长。

召开家长会以及在家长群中推送与专业发展相关的职业纪录片和成果视频，让家长逐步认可孩子的成长、孩子专业的前景、职业教育的发展，从而参与到学生培养工作中，成为孩子成长路上的引领者。

(5) 指导职业规划，展望生涯发展。

在班级组织同学们对自己未来的职业生涯进行规划，指导同学们根据自身的优点和兴趣爱好规划出自己未来的职业选择和就业方向。

(五) 干预成效

(1) 设定了职业生涯目标。

通过对学生兴趣、性格、专业能力等方面的测试，帮助学生认识自身的优势与劣势，正确认识自我，结合对专业和行业的了解，确定合适的职业领域和发展方向。学生们制定出自己的职业规划。

(2) 学习积极性提高。

通过专业教师、行业代表对相关职业的讲解，优秀学长的经验分享，家长和教师的共同鼓励和帮助，同学们学习热情普遍有所提高，对所学专业和未来职业有了深入了解；班级内营造出良好的学习氛围，基本形成了爱专业、爱技能、勤学好问的学习态势。

(3) 建立了职业意识。

一系列与专业发展和职业相关的纪录片让学生对职业精神、工匠精神、劳模精神有了更深的理解，让学生感受到所学专业的前景好、就业选择广，初步建立了职业认知、职业价值观等。

(4) 家校共育效果明显。

班主任与家长保持互动，传达学生们的学习成果和所学专业发展信息，家长对职业教育的态度明显改观，对孩子所学专业和未来就业方向的期待逐渐提高，亲子关系的改善对学生的学习积极性也产生了有力的促进作用。

(六) 经验反思

中职学生要把自己的理想与国家的发展结合起来，进行职业生涯规划非常重要。引导学生树立职业生涯规划意识，学会选择、发现优势、发展优势是班主任工作的重点。不仅要使学生转变职业观，促进学生可持续发展，使学生树立正确的职业观、价值观、人生观，具备开拓创新、不怕挫折、吃苦耐劳、敢于创业的精神，还要使学生掌握职业知识，提高识业、择业、就业的能力，为学生未来的职业生涯发展和幸福之路打下良好的基础。

三、乐学修艺

乐，其本义是一种弦乐器，引申为愉悦等。此处取快乐、欢乐之义。艺，指技能、技术、艺术，从掌握做某事的尺度或标准上说，艺又可引申为准则、极限；一定的技艺，如果能达到出神入化的地步，都会给人以艺术性的享受；此处所取的释义是技艺、个人才艺方面的造诣。

乐学修艺指学校开展社团、文明风采、文艺体育活动等丰富多彩的“第二课堂”，为学生在技艺、技能等方面的成长提供良好环境，让学生乐于参加有益活动，达成培养兴趣、爱好、技艺、技能的目的，使学生在德智体美劳方面得到全方位的提升。

乐学修艺包含了“‘第二课堂’放光彩”“文化艺术展风采”“享受运动强体魄”“我是最美

中职生”四个部分。在构建我校学生成长的三座成长桥中，人文素质的提升就是要培养中职生广泛的兴趣与爱好，为实现中职生德智体美劳全面发展奠定坚实的基础，通过开展丰富多彩的文艺体育活动，培养学生广泛的文艺体育兴趣。根据学生的兴趣爱好，学校开展各种比赛活动，比如唱歌比赛、跳舞比赛、朗诵比赛、绘画比赛、书法比赛、茶艺比赛、陶艺比赛等；积极开展校园文化艺术节系列活动与体育运动活动，鼓励中职生在活动中充分展示自己的才华与能力。积极参与校园活动不但可以提高学生的自信心与成就感，而且能极大提升修养与陶冶情操，保持中职生的身心健康，成为中职生学习生涯的一笔宝贵财富，为积极健康的人生奠定基础。

材料阅读

在 2021 年东京奥运会上，有一位短跑运动员，他拼尽全力仍未登上领奖台，但他凭借 9.83 秒的成绩，成为第一位闯进奥运会男子 100 米决赛的黄种人。这个成绩，一举打破亚洲纪录，他的名字在赛后轰动世界。很多人不知道的是，这位国人心目中的短跑英雄，是一位“超期服役”的 80 后运动员。虽然伤痛、年龄等因素让他在训练中倍感压力，但他从未放弃过心中的梦想。他就是“亚洲飞人”苏炳添。在短跑之路上，他书写了一个又一个传奇。

苏炳添，1989 年出生在广东省中山市古镇镇，父母亲都是地地道道的农民。苏炳添真正接触田径运动是在初中，看着学校田径队员的专业训练，苏炳添也想加入。无奈苏炳添个子低，达不到入队的标准，被教练拒绝。他没有放弃，想办法通过展示绝活加入了田径队。那时县城的体育学校，训练条件实在有限，连最基础的训练设施都不完善，现有的设备也都是破破烂烂的。就在这样的条件下，苏炳添坚持每天早晨五点半就起床训练，一练就是一整天，但他从来都没有抱怨过累。经过教练专业的指点，苏炳添无论是在技能上，还是在体能上，都突飞猛进。他在学校、村里的各项比赛中多次夺得冠军，这也为苏炳添日后成为“亚洲飞人”打下了坚实基础。

2007 年，苏炳添初出茅庐进入广东省队，从师于袁国强教练；2008 年，在全国室内田径锦标赛上，苏炳添崭露头角，收获了男子 60 米的金牌；次年，在全国室内田径锦标赛以及第十一届全运会预选赛暨全国田径锦标赛中都有收获金牌，全年以 11 金的成绩结束赛季。

2010 年，苏炳添虽然受伤病困扰，主要以养伤和力量练习为主，但在第十六届亚运会男子 4×100 米接力赛中，苏炳添带领中国队以 38.78 秒夺得冠军，并刷新全国纪录和亚运会纪录。他自己回忆说：“受伤时我思考过是不是跑不动了，但我告诉自己，养好伤病还可以继续飞翔。”所以在受伤后，苏炳添积极接受治疗并遵循医生的建议，进行康复训练。他明白伤病是运动员不可避免的，因此他保持积极的心态，努力恢复自己的状态。

每次站上赛场，苏炳添拿着卷尺测量起跑器至起点的距离的细节已经广为人知。而很多人看不到的是，训练场上他一遍又一遍地蹬踏起跑器，一次又一次地回看录像。压低身体向前，起身，冲出跑道，再回到起点，蹲身，冲出跑道……对每个动作都全神贯注、精益求精，每场训练都全力以赴、力求突破。他的教练袁国强曾评价他说道：“我带了他快十年了，可以说他是我带过的最自觉的队员。十年来，在训练场地上，他只要出现在我的视线范围内，就绝对是在训练，从不偷懒。而且他在队员中从来都是以身作则，不会在训练过程中拉着队友聊天、玩手机。所以作为教练我很放心，即便他不在我眼皮底下，也能保质保量地完成训练，动作永远是最规范的。”正是这样的坚持与拼搏，让苏炳添“称霸”亚洲，挺进奥运，屡创佳绩。

反复淬火才能百炼成钢，竞技场上没有一蹴而就的胜利，苏炳添也不例外。在重大赛事中因为抢跑被罚下赛场，他把照片存进手机，提醒自己从失败中吸取教训。25 岁时，苏炳添萌生了更换起跑脚的想法，他要与自己长期训练形成的习惯对抗，也要与可能出现的一连串不理想成绩对抗。30 岁时，腰伤和骨裂折磨着他，但最终苏炳添凭借顽强的意志走出低谷。他认为困难是成长的机会，克服困难可以让自己变得更强大。他坚信自己的能力和潜力，以积极的心态迎接挑战。他超越了年龄、体能的局限，在东京奥运会半决赛中，苏炳添以 32 岁的“高龄”跑出 9.83 秒的成绩，达到荣耀巅峰！刷新亚洲纪录，成为第一个站上奥运会男子 100 米决赛跑道的中国运动员，他是中国短跑的骄傲！

像苏炳添这样不向困难屈服、不向挫折低头的运动员们用自强不息的拼劲和自我超越的勇气为体育精神写下生动注脚，在大家心中种下拼搏的种子、注入前行的力量，激励着大家追求卓越。他们不仅是中国体育事业的骄傲，还是中国年轻一代的榜样。

典型案例

享受运动强体魄

（一）案例背景

生命在于运动，运动除了可以强身之外，更是使一个人精神保持清爽的绝佳途径。《国家中长期青年发展规划（2016—2025 年）》于 2017 年发布，其中提出，加强学校体育工作，提高青年体质健康水平。加强中职体育工作要求中职学校注重学生身体素质的提高，开展形式多样的体育活动和竞赛，让学生积极参与体育活动。

习近平总书记多次强调，建设体育强国要重视青少年体育工作，引导广大青少年积极参与体育健身，强健体魄、砥砺意志，凝聚和焕发青春力量，为中华民族伟大复兴做出应有贡献。可部分中职生对体育运动缺乏兴趣，不爱做广播操，学校运动会也不积极参加，导致他们的身体素质和团队合作能力都有所下降。班主任有必要解决这个问题，让学生们更加积极地参与到体育活动中来，积极参与体育活动不仅有助于学生身体健康和心理健康的发展，还可以培养运动习惯和提高社交能力。

（二）情景再现

某年学校秋季运动会即将召开，班主任王老师将参赛项目及具体比赛细则发至班级群，并请体育委员统计参加的学生名单。第二天，体育委员向班主任汇报了情况，他说大家都不参加，还抱怨每天做课间操也是反复催促大家才三三两两地去操场。为了解情况并解决问题，班主任请班干部调查大家不愿意参加的原因，调查结果如下。

学生 A：我最近身体不舒服，真的不适合运动哦！

学生 B：我不喜欢运动，参加运动会又累还无聊，还不如在下面玩游戏呢！

学生 C：参加运动会又不会给高考加分，我宁愿在教室做作业，为高考做准备才是正事。

学生 D：我又没有什么运动天赋，参加了也是丢人拿不到名次的，让其他运动能力强的同学去啊！

有 A、B、C、D 四位同学这样想法的在班级占大部分，不爱运动的风气盛行，个别想参加的同学看到这个情形也放弃了。

了解了这个情况后，王老师感到很担忧，开始认真思考这个问题该如何解决。

（三）案例分析

王老师经过观察、调研、与个别同学谈话，总结出班上同学们不愿意参加学校秋季运动会的原因如下。

（1）学生层面。

第一，身体原因。有些学生因为身体不适或者健康问题不愿意参加运动会，担心运动会对他们的身体造成负面影响。第二，缺乏兴趣。有些学生对体育运动没有太大的兴趣，他们更喜欢其他类型的活动或者学习，认为运动对个人发展和学习帮助不大。第三，自卑心理。一些学生觉得自己在体育方面没有天赋，害怕在运动会上表现不佳，被同学嘲笑或者失去面子，也怕没有为班级争得荣誉。第四，学业压力。一些同学认为，还有一年就要参加技能高考了，参加运动会会分散注意力，耽误备考，影响学习成绩。第五，缺乏团队合作意识。一些学生团队合作意识淡薄，缺乏集体荣誉感，他们更倾向于独自活动，不愿意参加需要团队合作的运动项目。

（2）学校层面。

第一，过于重视升学率。学校或班级过于注重升学率，忽视了体育活动的重要性，导致学生对体育活动失去兴趣。第二，校内体育设施不完善。学校的体育设施不完善，场地、器材无法满足学生运动的多样性需求。第三，课程设置不合理。学校的体育课程设置不合理，内容单一、枯燥，单调训练无法引起学生的兴趣。

（3）家庭层面。

第一，家长不支持。一些家长认为学生的主要任务是学习，参加体育活动会影响学习，所以他们不支持孩子参加体育活动。第二，家庭环境不利于运动。一些家庭周围没有合适的运动场地或设施，导致孩子无法参加体育活动，没有养成锻炼的习惯或形成运动的兴趣。第三，家长过度保护。一些家长过分担心孩子的安全问题或怕孩子受苦受累，没有权衡好运动的利弊，但凡有一点风险性或辛苦的体育活动都不让孩子参加。

（4）社会层面。

第一，社会对体育的重视程度相对不够，对体育活动的投入不足，导致学生对体育活动失去兴趣。第二，媒体宣传不到位。媒体对体育活动的宣传不到位，学生对体育活动的了解和认知不够，无法激发他们的兴趣。第三，城市化和现代化的影响。城市化和现代化的加速使人们的生活方式变得更加便捷，但也更加静态，学生缺乏参加体育活动的机会和动力。

综上所述，中职生不爱参加运动会和体育活动的原因是多方面的，需要学生、学校、家庭和社会各方面共同努力来解决这个问题。

（四）解决策略

针对同学们反馈的原因和班级实际情况，王老师采取了以下策略方法。

提高认识。首先通过班会向学生们强调参加体育运动的重要性。强调体育运动可以增强身体素质、培养团队合作精神、培养自信心和坚韧精神，也可以促进学习和思维等方面的发展，提高大家对运动的认识。

激发兴趣。组织一些有趣的体育活动，比如进行篮球联赛、羽毛球比赛等让学生体会到运动的乐趣和成就感，实时分享运动过后的神清气爽；在课间组织有趣的手指操游戏、翘板接毽等室内活动,调动大家的情绪,从而激发他们对运动的兴趣。不仅如此,王老师还给本班报名了学校运动会开幕式上的广播操展示,每天课间操时间带领大家练习,下午课后一起排队形,邀请电视台的工作人员拍摄视频短片,并利用班会展示给同学们观看,发给家长们欣赏,让大家都能看到自身的风采,接受来自家长们的肯定和赞美,让同学们感受到取得成绩后的喜悦。

培养自信。鼓励同学们参加一些适合他们的运动项目,帮助同学们发掘自己的运动能力,并请体育老师进行专业辅导。同学之间互相帮助一起运动,互相鼓励与肯定,促使他们建立自信心。

团队合作。组织团队活动,同时将学校运动会中的趣味项目,如“九人十足”“旋风跑”“协同运球”等需要团队协作的趣味项目提前进行演练,让学生们体会到团队合作的乐趣和重要性,从而增强同学们参与运动的意愿。

家校合作。一方面将同学们的意愿反馈给体育老师,和体育老师一起为班级学生量身定制一些小活动,给学生们提供对应的锻炼指导;另一方面跟学校反馈,建议开设一些更能激发学生体育学习激情的课程,课间操也可以与时俱进。跟家长们实时分享孩子们运动的视频及锻炼后的喜悦,在家长会上强调运动的好处,与有不同想法的个别家长单线沟通,耐心细致地做好说服工作,形成家校合力。

在工作中,针对同学们的身体条件、运动天赋,对同学们进行分类,用不同的方法提升同学们的运动热情。

第一类:对运动不感兴趣的学生。通过开设多样化的运动项目和正确引导对运动的认识,激发他们的兴趣。

第二类:有体育意识但学业压力较大的学生。通过加强体育课程的强度和培养他们的时间管理能力,成立学业上的帮扶小组一起学习,平衡学业和运动的关系。

第三类:身体条件有限制的学生。通过参与针对其身体条件的特殊运动项目和进行个性指导来解决。在他们身体条件允许,并获得家长许可的情况下,为他们提供参与运动的帮助。

（五）干预成效

经过一段时间的干预,班主任观察到学生们对体育运动产生了浓厚的兴趣,参与热情显著提高。主要体现在如下几个方面。

学生们开始积极参加各种体育活动,如运动会、广播操等。与过去不同,现在他们更愿意走出教室,参与到户外运动中。

学生们在运动中体验到了乐趣和成就感。他们相约进行球类运动,挥洒汗水、享受团队运动的快乐。这种积极的体验也促使他们更加投入体育活动中,身体素质和团队合作能力得到了有效提升。

班级凝聚力显著增强。通过共同参与体育活动,学生们更加了解彼此,增进了团队间的友谊和合作。班级整体氛围更加和谐,为学习生活注入了活力。

特别值得一提的是,在最近的一次学校运动会上,除了身体不适的同学,几乎全班参与,展现出团结协作的精神。在多个项目上,同学们取得了优异的成绩,班级团体成绩更是进入全年级前三名。班级还荣获了道德风尚奖,这是对他们努力付出的肯定。

由此可见,通过以上策略方法的实施,班上同学体育运动参与度和积极性得到了提升,逐渐改变了对运动的态度,在体能和团队合作方面取得了进步;也认识到了运动的重要性,并实际体验到了运动带来的正向促进作用，整个班级精神面貌焕然一新。

（六）经验反思

反思这个案例，可以得出以下经验。

班主任要关注学生的身心健康，积极引导他们参加体育运动，培养他们的团队合作精神。

在引导学生参与体育活动时，班主任要注重个体差异，因材施教；要有耐心，与学生保持良好的沟通关系，并根据实际情况实时调整沟通方式，以达到更好的干预效果。

在培养学生对体育活动的兴趣时，班主任要注重让学生们在运动中找到快乐和成就感，这样才能让学生们更加健康、快乐地成长。

除了以上提到的策略和方法，还可以从以下几个方面进一步拓展中职体育教学工作。

教学方式创新化。在体育教学中，可以采用多种创新的教学方式，例如游戏化教学、项目式学习等，以激发学生的学习兴趣和积极性；将体育知识与游戏或实际项目相结合，可以让学生在轻松愉快的氛围中学习，提升学习效果。

理论教学多样化。强调运动对健康的重要性时除了传统式说教，还可以让学生去进行自身体验与感悟。通过多样途径，宣传合理运动对有效保证身体健康的重要性。

教学手段科技化。可以利用现代科技手段，例如虚拟现实技术、智能设备等，为学生提供更加丰富、多样化的体育活动体验。通过科技手段的辅助，提高学生对体育运动的参与度和兴趣，提高体育教学的效率和质量。

教学模式体系化。在体育教学中，尤其要注重学生的个体差异，因材施教；同时要进行分类，针对不同类别学生制定相应的体育教学方法，逐渐形成一套完整的教学体系。

评价反馈多元化。体育教学过程中，通过同伴评价、自我评价、老师评价、家长评价等多主体对学生的学习表现，包括学习态度、参与度、运动技能、体能等方面进行综合评价，注重过程，完善评价激励机制，以求更全面、客观地反映学生的学习情况和教师的教学水平，促进体育教学的高质量发展。多元评价揭示每个学生的光芒、技能、素质、合作能力与智慧，展现出他们在体育运动方面的潜力与才华。

体育教学在一定程度上强壮了学生的体魄，为他们职业道路的发展与延伸提供了保障。让我们共同努力，为体育教学点燃激情，为学生们提供更好的支持，让他们有一个良好身体，在未来的职业舞台上拼搏，展示青春的力量！

四、博学修身

博，本义为大，引申为丰富、宽广、广泛、普遍、通晓等。博学指学识渊博，又指广泛地学习。修身指修养身心、涵养德性，努力提高自身思想道德水平。

博学修身指我校学生在学校教育培养下，通过自身努力学习、博采众长，克服自身非道德欲望，自觉锻炼和修正自己的思想意识和道德品质，树立远大理想，传承大国工匠及劳模精神，立志技能报国。

在博学修身中包含了“劳模精神树榜样”“工匠精神我传承”“创新创业我参与”“社区服务显技能”“技能强国立志向”五个部分。博学主要指培养中职生较为广博的学识，包括中华优秀文化、工匠精神、劳模精神、创新精神、哲学思想、法治、心理健康等方面的教育，从而培养学生端正的品行使其健康生活，具有美好的心灵，实现中职生素养的提升。所以在中职生教育培养的过程中，学校不但需要把文化基础、专业基础与专业技能、动手能力的培养有机结合，而且要为中职生提供积极向上的精神食粮，全方位提高中职生的综合素养与能力，为中职生进入高校或踏入社会奠定持续发展的基础。

材料阅读

孟江华，一名来自中铁工程装备集团盾构制造有限公司的00后焊工，每天与灼热的火花、弥漫的粉尘、呛人的气味打交道。在他看来，最能代表他青春形象的就是手握焊枪的姿势，而注重“仪式感”的他，也将每一次焊接过程中“烙印”在衣服上的油污和破洞当作成长征程中的嘉奖。

在追光道路上孟江华从未止步，在困惑于专业的选择时，他被焊接加工专业的那一抹蓝光吸引，选择让电弧焊的蓝色弧光陪伴人生；每次求学归途中隧道尽头的光亮，吸引着他，追光在他心里扎根；国内自主研制的最大直径土压平衡盾构机更是吸引着他，成为他持续追光的动力。他选择了光，亦为自己的选择而勇往直前。

焊接工作可以说是车间工作中特别辛苦、技术含量特别高的工作。在车间一线焊接中，孟江华手握焊枪长期保持一个姿势，无论严寒酷暑，那厚重的工作服刻刻不离身。在老师傅陈承广的带领下，孟江华真正认识到光的价值，“一次性焊缝合格率100%”成为他的价值追求。他钻研专业技能，主动增加自己的训练时间和训练强度，虚心向师傅、老员工请教，主动发现问题、解决问题，让每个焊接的工件都成为艺术品。在一次见面会上，孟江华第一次见到了焊接能手王安永(2018年度全国青年岗位能手)，大家眼中的“焊接英雄”，他在笔记本上记下了王师傅指导的话语。在了解王师傅的成长历程后，他也坚定了自己的人生方向，要成为像王安永师傅这样的焊接能手，自此他踏上了追“星”之路。他积极学习盾构机刀盘的焊接知识和焊接工艺，并和身边的同事一起探索工作技巧，利用早起和下班时间坚持训练技艺，短时间内便能独立完成盾构机刀盘关键焊接工作，先后参与完成了数十个公司重难点项目刀盘焊接工作，焊接合格率均在98%以上。他深知勤能补拙，一直将遇到的各类工作问题及经验都悉数记录在笔记本上，完成每项工作后及时总结复盘，在短短近3年的工作中，他已经积累了包括大、小、异形等各类刀盘焊接经验，是公司年龄最小的“焊工工匠”，也是用最短的时间练就最高焊接合格率的00后。

凭借着平时的认真和刻苦学习，孟江华被推荐参加2021年一带一路暨金砖国家技能发展与技术创新大赛之“嘉克杯”国际焊接大赛，是最年轻的参赛选手，并取得了个人赛一等奖的好成绩。带队师傅王安永说：“这个成绩是意料之内的，与他的天赋和努力是分不开的。”

“‘人生万事须自为，跬步江山即寥廓。’要做刻苦学习、锐意创新的模范，带头立足岗位、苦练本领、创先争优，努力成为行业骨干、青年先锋。”赛后归来，孟江华更加专注于焊接工艺和技巧，通过焊前充分预热和焊后降低冷却速度的方式，避免了直径15米级常压刀盘焊接开裂现象；提出加大清根一侧的坡口角度，解决了碳弧气刨不彻底或焊枪空间受限的问题……

这位00后执着于细节制胜，能做到100%的绝不只做99%，自检后发现问题自行整改，确保产品的质量及美观度，对下一道工序负责。在他对自己的高标准、严要求下，合格率从之前的95%逐步提升到98%，合格率100%是他给自己定下的终极目标。

成为大国工匠，是孟江华追光之路上的下一个目标。

典型案例

技能强国立志向

（一）案例背景

2021年，人力资源和社会保障部印发的《"技能中国行动"实施方案》中指出，"十四五"时期，大力实施"技能中国行动"，以培养高技能人才、能工巧匠、大国工匠为先导，带动技能人才队伍梯次发展，形成一支规模宏大、结构合理、技能精湛、素质优良，基本满足我国经济社会高质量发展需要的技能人才队伍。党的十八大以来，以习近平同志为核心的党中央高度重视职业教育发展，做出一系列重要部署，使得我国职业教育制度体系不断完善，适应社会经济发展的能力不断增强，为构建人力资源强国、推进社会主义现代化建设夯实了人才之基。中职学生作为社会主义建设和实现中华民族复兴的希望之星、未来力量，应该认识到自己的使命和担当，将小我的发展和大我的发展联系在一起，立志技能报国、技能强国。因此，开展"技能强国立志向"班级活动必不可少，意义重大。

（二）情景再现

艾老师是中职学校某班班主任，在班主任岗位上工作一段时间后，整体感觉是班上的大部分学生能遵守规则，对于学校下达的任务能按时完成，学校各部门都认为该班秩序稳定、学生乖巧。但是作为班主任，艾老师总觉得班级少了点什么，孩子们身上少了点什么。通过与专业课老师沟通，了解到学生们上课气氛比较沉闷，不太关心本专业行业发展的前景，觉得只要能完成作业就行，对自己没有更高的要求，老师们觉得在课堂上调动学生学习积极性比较困难。艾老师与部分学生聊天得知，他们来这里是按照父母的要求，完成3年学业，考上高职，没有长远的志向，觉得大国工匠、技能报国是很遥远的事，跟自己没有太大的关系。以上情况说明该班级的学生缺乏专业学习和职业定位的目标，不能正确认识中职学生的使命与担当，更没有意识到技能报国与自己的关系，因此在行为上表现不积极就不足为怪了。

（三）案例分析

学生层面：对中职学习目标不明确，对专业与职业的结合了解不够；不理解职业发展对国家发展的意义；对中职学生的使命与担当未进行深入思考，从而没有意识到专业学习与技能报国的关系。

家庭层面：父母对孩子教育的重视程度相对不高，平时不太关注学生的学习状况，对技能高考升学了解不多。

学校层面：职业规划和理想信念方面的教育不够深入。

社会层面：社会中部分人认为中职学生没有很大的发展前景。

（四）解决策略

艾老师经过一系列观察、调研等，采取了以下措施。

（1）问卷调查，分析问题。

在班级开展关于三年后升学目标及职业目标的问卷调查。升学目标设定为4个：本科、公办高职、民办高职、顺利毕业。职业目标设定为4个：大国工匠、工程师、技术员、普通职员。问卷调查结束后，跟学生一起分析问卷调查结果，让学生发现自身的问题，并对存在的目标不清、动力不足、信心不强的问题在班级展开讨论，分析产生的原因。

(2) 专业沟通,提升认知。

请专业教师和企业工程师讲解目前本专业和行业的发展,工作岗位对本专业知识技能的要求,行业发展对国家的发展所起到的作用等。让同学们认识到作为本专业的学生,应该努力学习专业知识、强化专业技能,成为行业发展的生力军,将个人的发展与国家的发展联系起来,从而意识到作为职业教育的毕业生大有可为。

(3) 关注行业发展,感悟职业精神。

组织同学们观看《大国工匠》《中国铁路发展史》《中国高铁》等纪录片,学习先锋榜样事迹,了解我国铁路发展的艰难历程,大国工匠对我国铁路发展所起的作用,高铁发展中展现出的拼搏奋进、勇于创新的职业精神,让学生从思想意识层面有更深刻的体悟,为将来能加入本行业、成为一名本行业建设者而感到骄傲,从而立下从事本行业相关职业、技能报国的志向,为国家的发展贡献自己的力量。

(4) 榜样示范、提升自信。

请职业技能比赛国赛选手进班级演讲,请成功升学的毕业生分享学习经验和大学生活,让同学们观看毕业生的工作场景视频,燃起他们对未来大学及职业工作的向往之心,树立起学习信心。

(5) 设定目标、规划职业。

开展“目标我来定”主题班会,引导学生查阅收集与本专业相关的职业岗位资料,了解相关职业技能和职业素养,让学生进行自我分析,寻找自身差距,并根据自身特点和优势,设定短期和长期目标,制定一份职业规划书,写下个人提升计划,完成班级目标树的建立。

(6) 技能比武、共建学风。

开展“实训创新来展示”“技能比武我能行”“争当实训小能手”“技能考证我报名”等一系列活动,让学生利用课余实践进行专业技能的拓展研究,营造学技能、练技能、比技能的氛围;对表现优秀的学生进行表彰和奖励,设立优秀作品展示区;成立技能结对帮扶小组,激发学生学习专业的热情,形成我爱学习、我爱专业的良好学风。

(7) 家校沟通,协同育人。

在家长群中推送大国工匠等与职业发展相关的新闻视频,推送学生专业学习成果视频,让家长逐步认可职业发展前景、学校的教学质量、孩子的成长收获,从而建立起家校共育学生的培养工作统一战线。

(五) 干预成效

(1) 人人完成目标设定。

通过进行SWOT分析,学生明晰了个人的优势和劣势,结合对专业和行业的了解,榜样的引领,同学们制定了三年的学习、技能目标,以及三年后的升学目标,完成了班级目标树的建立。

(2) 班级学习氛围浓厚。

通过专业教师、企业工程师对未来职业的介绍,毕业生学习经验的分享,班级技能比武的开展、技能结对帮扶小组的成立,营造了浓厚的学习氛围,部分学生对专业学习表现出了非常浓厚的兴趣,带动了整个班级的学习热情,形成了爱技能、比技能、互帮互助的良好学习态势。

(3) 家国情怀提升。

《大国工匠》《中国铁路发展史》《中国高铁》等一系列纪录片让学生对工匠精神、高铁精神、劳模精神等有了更深刻的认识，让学生感悟到了个人的发展与祖国的发展是紧密联系在一起的，中职学生应该树立强国梦想，立志技能报国。

(4) 家校共育效果明显。

班主任通过与家长保持互动，传达职业信息和学生学习成果，家长对职业发展的态度明显改观，对孩子学习的关注和期待逐步提升。亲子关系的改善和信任度的提升，对学生的学习产生了积极的促进作用。

（六）经验反思

中职学生处于世界观、人生观和价值观形成的重要时期，班主任应该以立德树人为根本任务，做好学生思想政治工作，做好学生学习成长的引路人。中职学校不仅要培养学生的专业技能，还需把理想信念、爱国主义教育渗透在平时的教育教学工作中；要根据德育目标，结合《中等职业学校德育大纲(2014 年修订)》中要求的贴近实际、贴近生活、贴近学生的原则展开教育策略，让学生认识自己和国家的关系、认识专业发展和国家发展的关系，提升认知促改变，制定目标和职业规划，立志学好技能。

敏学修智奠定了提高学生学习能力的基础，勤学修技让学生立下了职业技能之愿，乐学修艺拓宽了学生的专业视野，博学修身成就了学生的报国志向。"人文素质"成长桥的建设，让学生在成长道路上有目标可循、有理想可追、有报国之径，为大国工匠之梦打下坚实基础。

三座成长桥的构建，是为德育目标的实现而进行的教育管理工作。在具体的实施过程中，围绕德育目标的实现所需要的元素，通过教育案例的呈现，结合班主任的教育方法，来达成培养学生成长的目标。在"行为规范""道德品质"两座成长桥中，呈现的案例对应的是德育目标中的"温雅、良善"；在"人文素质"成长桥中，呈现的案例对应的是德育目标中的"知性、达能"。在三座成长桥所有案例的呈现中，不难发现，每一座成长桥都体现了德育目标，都不是孤立、单一的指向。所以，三座成长桥你中有我、我中有你，立体交叉，为德育目标的实现打下了坚实基础。

润禾"13531"德育体系，从中职学校德育工作的理念、思想、基础、途径及培养目标等出发，形成了一个完整的育人体系：从德育工作的理念上，回答了学校的主张；从德育工作的思想上，回答了学校坚持的政治方向；从德育工作的基础上，回答了教师从事德育工作的要求；从德育工作的途径上，回答了学校培养学生成长的要素与方法；从德育工作的培养目标上，回答了学校德育工作的落脚点；从中职教育的建设和发展上，回答了中职学校德育工作所承担的社会责任和历史使命，将《中等职业学校德育大纲(2014 年修订)》落到了实处。润禾"13531"德育体系的建立，系统地回答了中职学校落实"培养什么人、怎样培养人、为谁培养人"的具体措施，坚决贯彻落实了为党育人、为国育才的根本意志，为中职学校实现立德树人根本任务提供了方向与保障。

下篇

第六章 “行为规范”成长桥活动案例

第一节 新生入学教育

一、活动名称

我的职校新生活。

二、指导思想

对于每一个职业学校的学生来说，新学年、新学期，是生活中的新起点，中职学习生活是他们在初中阶段后，开始的一段新生活。初中毕业后，他们来到了一个崭新的学习环境之中，面对新的校园、新的同学、新的老师，面对崭新陌生的课程，他们既充满期待，又忐忑不安。班主任须了解学生的心理状态，通过活动帮助学生建立起开始职校生活的信心，尽快融入职校的学习生活中来。

三、班情分析

新生进入学校，因为对校园环境的不熟悉，常常有同学走错教室，找不到实训室、图书馆等情况。因此在新生入学教育中，组织开展熟悉校园活动非常有必要，学生熟悉校园是寻找心灵归属的第一站。根据班级问卷调查，班主任发现班内学生大多数是独生子女，依赖性较强，在某种程度上缺乏独立自主能力，生活技能有待提高。

四、活动目标

认知目标：学生接纳职校新生活，初步认识、了解职校特点。

情感目标：学生校园有归属、情感有温度、专业有兴趣，熟悉学校，初步形成知校、爱校的归属感。

行为目标：学生生活能自理、学习能自主、交往能自控；知标准、守制度、定目标、有榜样。

五、设计思路

带着任务逛校园—你的心声我听见—职校生活快乐多—德技并修日日行。

六、活动准备

教师准备：调查问卷、校园拼图。

学生准备：导游组——制定校园参游攻略；绘制组——手绘校园地图册；新闻组——报道“新生校园游记”；分享组——分享感受与困惑。

七、实施过程

环节一：带着任务逛校园

组织学生分组参游校园，同步完成参游点“打卡”活动。

任务①：个人独立完成学习区“打卡”。

地点：教学楼、实训楼、计算机中心、图书馆、学术报告厅、校史馆、校园文化长廊等。

任务②：合作完成生活区拼图。

地点：学生食堂、超市、学生寝室、体育馆、运动场等。

任务③：寝室内务整理，上传寝室整理图片。

设计意图

任务驱动，激发学生好奇心，帮助学生熟悉校园各个生活区、学习区，尽快熟悉校园新环境，融入校园新生活。

环节二：你的心声我听见

（1）学生分享参游感受。

（2）学生参与体验游戏——竹苗成长记（观察花盆、竹林、岩石等），引导学生发现竹苗适应能力强、坚韧不拔的生存品格。

（3）师生共诉新期待。

设计意图

开展师生“破冰”活动，师生彼此留下第一印象。

环节三：职校生活快乐多

（1）学长导专业。

学生通过学长的讲解了解专业发展史、专业前景，观看专业成果展，参观校内外实习实训基地，了解专业实训仪器等。

（2）学姐导生活。

开展简介校史、照片墙上找导师、校报知社团等互动环节。

设计意图

让学生了解学校的办学历史，了解自己所学的专业，熟悉将来的就业方向。

环节四：德技并修日日行

（1）全班共学《中等职业学校学生行为公约》。

（2）展示优秀的德技并修日志。

设计意图

让学生建立良好的学习生活习惯，树立规则意识，内化于心，外化于行。

八、拓展延伸

（1）开展问卷调查——校园新人成长困惑集。

（2）指导学生写职业成长规划。

中职新生入学适应教育是学生开启中职生活的新起点，其目的在于帮助学生了解中职的学习生活特点，尽早适应新的环境、新的学习和生活方式；开展入学适应教育活动无论是对于学生的适应，还是对于学校的管理，都有着重要的意义。利用新生入学教育，培养班级学生独立自主的精神，使其获得校园归属感。正确规划自己的职业生涯，是学生迈向成功人生的第一步。

九、总结反思

习近平总书记指出，紧跟时代步伐，顺应实践发展，以满腔热忱对待一切新生事物，不断拓展认识的广度和深度。新入校的中职生，就是要勇于迎接新的挑战。新的环境意味着新的开始，中职生应尽快适应新的课程体系和新的校园生活，将自己的青春热血挥洒在技能强国的伟大梦想之中。

第二节 践行《中等职业学校学生公约》

一、活动名称

我学习,我践行,我快乐。

二、指导思想

根据教育部办公厅《关于开展2023年职业院校“技能成才 强国有我”系列教育活动的通知》,开展文明风采系列教育活动,开展学雷锋志愿服务活动,强化班风、学风建设,持续推进《中等职业学校学生公约》(简称《公约》)学习、签署、践行活动。

三、班情分析

班级学生为中职一年级学生,面对的课程内容、学习方式、学校管理模式与初中时期不同,部分学生暂时难以适应新的环境,造成违纪违规行为。将《公约》作为学生日常行为的基本遵循,培养学生良好的学习、生活习惯,提升学生修养,有利于学生的终身发展。

四、活动目标

认知目标:引导学生认识《公约》的重要性,牢记《公约》内容。

情感目标:帮助学生树立规范意识,增强自觉性。

行为目标:学生用《公约》约束自己的言行,从自我做起,践行《公约》。

五、设计思路

使同学们熟知并理解《中等职业学校学生公约》相关内容,促进其做到知《公约》、悟《公约》、遵《公约》、践《公约》。

六、活动准备

时间:第1学期班会课。

人员:中职一年级学生,将学生分为若干组,每组10人左右。

场地:学生活动室。

道具:任务卡,马克笔,分组讨论需要的纸张、圆珠笔等工具。

教师准备:活动中需要共同签署的《中等职业学校学生公约》文件、希沃游戏。

学生准备:歌曲《中职生公约》。

七、实施过程

环节一：知《公约》

（1）知《公约》的内容。

主要内容：

爱祖国，有梦想；爱学习，有专长；

爱劳动，图自强；讲文明，重修养；

遵法纪，守规章；辨美丑，立形象；

强体魄，保健康；树自信，勇担当。

（2）知《公约》的意义。

观看视频，了解制定《公约》的意义。

设计意图

设置此环节，让学生了解《公约》的内容和意义，提高中职生思想道德水平，规范中职生日常行为，促进中职德育工作的开展。

环节二：悟《公约》

（1）听故事，理解《公约》。

学生分享与《公约》内容相关的践行故事。

（2）做游戏，认同《公约》。

学生参与希沃互动游戏，知晓践行《公约》的意义。

设计意图

设置此环节，让学生能够理解《公约》、认同《公约》，养成良好行为习惯：生活习惯、学习习惯、做事习惯、做人习惯等。

环节三：遵《公约》

（1）我承诺。

签署仪式：学生有秩序地在关于践行《中等职业学校学生公约》的倡议书上签下自己的名字，做出庄严承诺，使《公约》成为全体学生共同遵守的约定。

（2）我践行。

共读倡议书：师生共读倡议书，从而号召广大学生树立远大理想，从我做起，从身边做起，在日常的学习和生活中，践行《公约》要求，为建设文明和谐校园做出自己的贡献。

·设计意图·

设置此环节，让学生承诺遵守《公约》。

环节四：践《公约》

（1）小组讨论。

讨论主题：我们要如何去践行《公约》？

在学习通平台提交讨论结果。

（2）践行《公约》。

设置答题环节，让学生用《公约》指导行动。

结语：让我们共同努力进一步学习和践行《公约》，养成良好的行为习惯，提高综合能力，在全面建设社会主义现代化国家新征程中，成为德智体美劳全面发展的社会主义建设者和接班人，成为高素质技术技能人才、能工巧匠！

·设计意图·

设置此环节，让学生用《公约》指导行动。

八、拓展延伸

（1）组织学生在教室、宿舍等处张贴《公约》宣传画。

（2）组织学生合唱歌曲《中职生公约》。

九、总结反思

“这是立规矩的地方。”2013 年 7 月，习近平总书记在西柏坡面对当年毛泽东提议的“六条规矩”时发出感叹。“治理一个国家、一个社会，关键是要立规矩、讲规矩、守规矩。”规矩是习近平总书记口中的高频词。中职生最重要的规矩就是《中等职业学校学生公约》，因此遵守《公约》是每个中职生必须做到的。

第三节　班风学风建设、行为规范养成教育

一、活动名称

行为规范养成之学习习惯。

二、指导思想

习近平总书记指出，时代发展，需要大国工匠；迈向新征程，需要大力弘扬工匠精神。新时代的中职学生，是担任民族复兴大任的建设生力军，应该养成良好的学习习惯，朝着大国工匠的方向前进。

三、班情分析

班内部分同学经常出现违反校纪校规等行为，部分同学产生不想学，甚至厌学的想法，有不良学习习惯。学习习惯是行为习惯的组成部分，部分同学不能深刻认识到行为规范在生活、学习中的重要性。

四、活动目标

认知目标：了解中职生需要遵守的行为规范的相关内容。

情感目标：认识到行为规范对于未来工作和生活的重要性。

行为目标：以《中等职业学校学生公约》严格要求自己，内化于心，外化于行，在以后的学习生活中时刻提醒自己遵守。

五、设计思路

小细节、大品质—小岗位、大意义—小行动、大未来。

六、活动准备

场地准备：本班教室。

人员准备：班主任、本班同学、优秀学长。

设备准备：多媒体屏。

七、实施过程

环节一：小细节、大品质

提出以下问题请同学们思考。

(1) 为什么说起钟表，大家就会想到瑞士各品牌的钟表？

(2) 为什么国人要出国门“扫货”,甚至到日本买马桶盖?

环节二:小岗位、大意义

(1) 优秀学长进班级介绍自己良好的学习习惯。
(2) 优秀笔记展示、评比。
(3) 学习小组长对本组成员学习习惯进行点评。

环节三:小行动、大未来

(1) 头脑风暴——学习恶习我来说。
(2) 分组讨论良好学习习惯有哪些,并用思维导图总结、展示。
(3) 成立周末学习结对帮扶小组。
(4) 班主任利用 PPT 展示中职生十大学习好习惯。

八、拓展延伸

(1) 技能比武活动。
(2) 班级创新之星评比。

九、总结反思

(1) 特色亮点。
①组织学生头脑风暴,提高学生参与兴趣;
②活动过程紧扣专业,与学生学习息息相关。
(2) 效果反思。
①学生通过活动认识到了规范在学习、生活中的重要性。
②学生能发现自身问题,对照优秀学长找到差距。

第四节　合理使用手机，防止沉迷

一、活动名称

拒绝歧路沉迷，守护少年的你。

二、指导思想

《2020 年全国未成年人互联网使用情况研究报告》显示：2020 年，我国未成年网民达到 1.83 亿人，未成年人的互联网普及率为 94.9%。青少年沉迷网络游戏影响身心健康，始终是社会关注的热点问题。教育部联合多部门不断加强预防中小学生沉迷网络游戏管理工作，推动防沉迷工作取得实效。习近平总书记看望参加全国政协会议的医药卫生界教育界委员时指出，不仅是沉迷网络游戏的问题，网络上还有很多污七八糟的东西，未成年人心理发育不成熟，容易受到不良影响。这些问题属于社会性问题，需要社会各方面、各有关部门共同努力，研究解决。

三、班情分析

班内部分学生自制力较弱，容易受到诱惑。从初中升入中职后，部分学生未找到新的目标及兴趣点，导致在课余时间无所事事，玩网络游戏、浏览视频、看网络小说等娱乐方式成为主流，甚至部分同学沉迷其中，导致成绩下降，身体出现问题。

四、活动目标

认知目标：让学生认识到沉迷手机的危害。

情感目标：让学生认识到手机在生活、学习中的正面作用。

行为目标：让学生在生活和学习中正确使用手机。

五、设计思路

学视频课，悟领袖意—观案例实，知沉迷害—观信息课，解积极用—定班级规，“秀”手机术。（见图 6-1）

图 6-1　“拒绝歧路沉迷，守护少年的你”活动设计思路

六、活动准备

工具准备：电脑大屏、纸、笔、投屏器。

教师准备：TED 课程、教学视频、“习语金句”。

七、实施过程

环节一：学视频课，悟领袖意

（1）观看 TED 课程，了解沉迷手机的危害。（见图 6-2）

（课程网址：https://mp.weixin.qq.com/s?__biz=MzUyNDM0ODU4MQ==&mid=2247541744&idx=6&sn=21a9bdd728c49e4c00ee7768497e8a45&chksm=fa2cde3acd5b572cef6ff97ee2204ea5bb7fa2f66a4d570f004413f697cbbf2bcc8fbd5e1cb9&scene=27。）

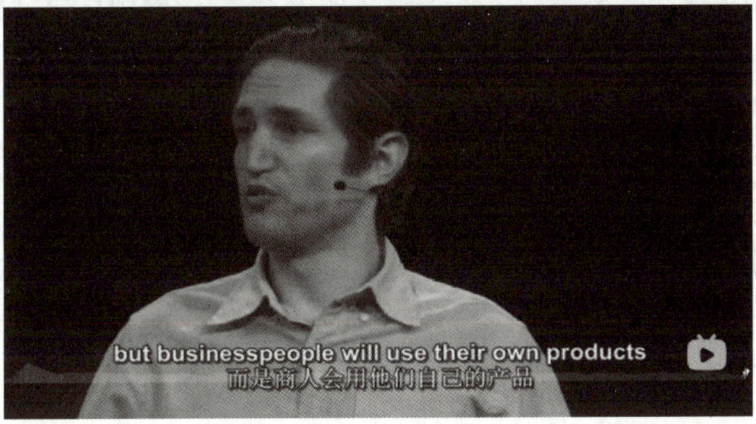

图 6-2　TED 课程

（2）学习习近平总书记关于青少年使用手机的“习语金句”。

青少年是党和国家事业的未来，他们上了网，宣传思想工作的重点也要放在网上。在全国网络安全和信息化工作会议上，习近平总书记强调“要建设好青少年聚集的网络平台，创作更多青少年喜爱的网络文化产品，把要讲的道理、情理、事实用青少年易于接受的语言和方式呈现出来”，并提出“要重视技术创新，在可视化呈现、互动化传播上做文章，用网民喜闻乐见的方式，使正面宣传的用户规模不断扩大、用户黏性不断增强。”

· 设计意图 ·

观看视频，让学生认识到沉迷手机所带来的危害，引起学生的重视。同时引用习近平总书记的话，让学生感受到党和国家的重视。

环节二：观案例实，知沉迷害

（1）观看《今日说法》栏目推出的专题节目《走出沉迷》，使学生了解沉迷手机对青少年造成的危害。（见图 6-3）

（节目网址：http://m.app.cctv.com/vsetv/detail/C10328/809866013346465abff5ec19a48ad8d4/index.shtml#0。）

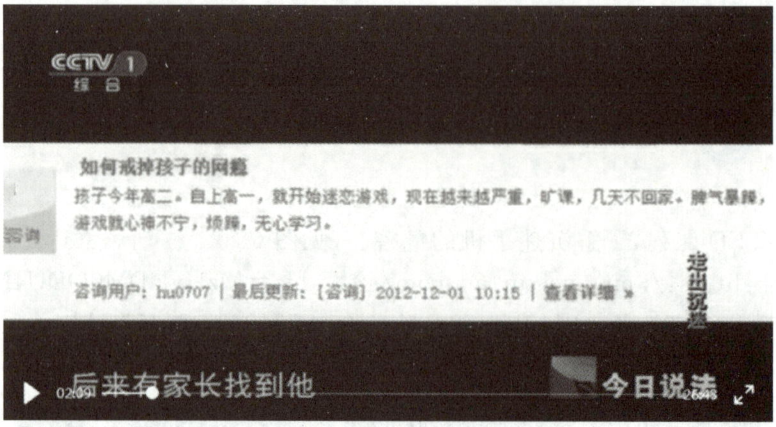

图 6-3 《走出沉迷》

（2）开展“离开手机的一天，你能做多少事?”活动，每个人总结出自己一天的活动清单。

（3）小组讨论：①离开手机，你一天做了多少事？②以思维导图的形式总结沉迷手机会带来的危害。

· 设计意图 ·

收看《今日说法》栏目中的真实案例，让学生认识到沉迷手机带来的现实危害；开展“离开手机的一天，你能做多少事?”活动，让学生深刻认识到手机占用了自己太多时间，从而总结出手机给自己带来的负面影响。

环节三：观信息课，解积极用

（1）组织收看一次李永乐老师的网络直播课。

（2）收看新闻视频：《跨越“数字鸿沟”！远程课堂为乡村小规模学校赋能》。（见图 6-4）（网址：https://news.ifeng.com/c/84L46GIJ8Fu。）

图 6-4 远程课堂为乡村小规模学校赋能

(3) 小组讨论：以思维导图的形式总结手机等信息化工具为生活、学习带来的有益变化。

· 设计意图 ·

观看知识传播类的直播课和信息手段填平“数字鸿沟”的案例视频，让学生认识到手机使人们获得知识变得更加容易，思考手机在生活、学习中的正面作用。

环节四：定班级规，“秀”手机术

(1) 制定班级《手机文明使用公约》，设置班级、寝室手机监督员，家长参与居家手机管理，将手机使用情况纳入个人综合评价。

(2) 举办班级手机创客大赛，鼓励用手机进行视频拍摄剪辑、图片编辑、文案撰写等，评选出优秀作品。

(3) 开展主题班会讨论并制定方案：班级生活、学习中的手机应用指南。

· 设计意图 ·

开展各项活动，帮助同学们正确使用手机，让手机在同学们的生活、学习中发挥积极作用。

八、拓展延伸

在班级开展番茄 ToDo、幕布、CAD 建模号等 APP 培训活动。(见图 6-5)

图 6-5 合理使用手机拓展延伸活动

九、总结反思

习近平总书记到北京育英学校，看望慰问师生时强调，少年儿童是祖国的未来，是中华民族的希望。新时代中国儿童应该是有志向、有梦想，爱学习、爱劳动，懂感恩、懂友善，敢创新、敢奋斗，德智体美劳全面发展的好儿童。希望同学们立志为强国建设、民族复兴而读书，不负家长期望，不负党和人民期待。因此，以上活动的开展非常有必要，防止学生沉迷手机游戏等，使学生做好技能强国的准备。

第五节 班级制度建设、规范化管理

一、活动名称

以规矩之帆助航技能发展。

二、指导思想

《关于加强中等职业学校班主任工作的意见》中进一步明确，组建班委会，制定班级公约和学生自律规范，维护良好的教育教学秩序和生活秩序是班主任班级管理工作的重要职责。班级的规范管理影响着每一个班级成员的发展，同时每一个班级成员是影响班级规范管理的重要因素，班级秩序需要班主任和学生一起携手创建和维护。

三、班情分析

由于学业成绩等原因，部分中职学生在班级生活中显得比较自卑，缺乏主人翁精神，不愿意参加班级的管理和建设，认为班级制度建设和自己没有关系，在执行班级制度的时候也会出现不服从等情况。因此，本次活动希望能激发人人参与班级管理的热情，并为此做出实际的行动。

四、活动目标

认知目标：让同学们了解《中等职业学校学生公约》具体要求。
情感目标：让同学们认同班级制度的必要性。
行为目标：同学们共同商定出班级管理规定。

五、设计思路

参观明意识—研讨知《公约》—畅想获认同—共商建制度。

六、活动准备

场地准备：本班教室。
人员准备：企业 HR、优秀学长、科任老师。
设备准备：多媒体屏。
信息化准备：电子大屏、学习通平台、思维导图软件。

七、实施过程

环节一：参观明意识

(1) 参观校企合作企业：观察企业员工在各项管理规定下的言行。

（2）邀请企业 HR 讲解企业管理制度。

· 设计意图 ·

引发学生思考，让学生认识到遵守规范是自己未来职业生涯的一部分，激发同学们的规范意识。

环节二：研讨知《公约》

（1）共同学习《中等职业学校学生公约》。

爱祖国，有梦想。热爱祖国，热爱人民，热爱中国共产党。志存高远，服务人民，奉献社会。

爱学习，有专长。崇尚科学，追求真知；勤学苦练，精益求精；不会就学，不懂就问。

爱劳动，图自强。尊重劳动，勇于创造；艰苦奋斗，勤俭节约；从我做起，脚踏实地。

讲文明，重修养。尊师孝亲，友善待人；诚实守信，言行一致；知错就改，见贤思齐。

遵法纪，守规章。遵守法律，依法做事；遵守校纪，依纪行为；遵守行规，依规行事。

辨美丑，立形象。情趣健康，向善向美；仪容整洁，衣着得体；举止文明，落落大方。

强体魄，保健康。按时作息，坚持锻炼；讲究卫生，保持清洁；珍爱生命，注意安全。

树自信，勇担当。自尊自信，乐观向上；珍惜青春，不怕挫折；敬业乐群，勇担责任。

（2）邀请同专业的学长讲解他们班的班级制度。（见图 6-6）

图 6-6　学生们与同专业学长交流

· 设计意图 ·

让同学们了解《中等职业学校学生公约》，了解同专业班级的班级制度设置。

环节三：畅想获认同

（1）小组讨论职业素养有哪些，并利用思维导图软件进行总结。

（2）在学习通平台中的讨论区共同讨论班级建设，综合大家意见设置班级建设目标。

· 设计意图 ·

引发同学们对职业素养的思考，让同学们认识到制度规范对于职业成长的重要性，为培养良好的职业素养设置发展目标。

环节四：共商建制度

（1）依据班级建设目标共同商定班级管理公约。

（2）依据班级管理公约搭建班级组织架构。

· 设计意图 ·

制定班级管理公约，保证班级目标的达成，为支撑公约的实施设置班级组织架构。

八、拓展延伸

（1）制定班级管理公约一个月后，邀请科任老师点评班级管理公约的执行情况。

（2）依据班级管理公约制定量化考评方案，将每个人的考评情况用于德育评价，并作为毕业的参考指标。

九、总结反思

习近平总书记说：“制度是关系党和国家事业发展的根本性、全局性、稳定性、长期性问题。”同样，对于一个班级而言，健全而科学的班级管理制度是班级管理走向科学化的客观需要，是班级工作文明进步的标注，是做好班级工作的重要保障。叶圣陶先生曾说，教是为了不教。也可以借此说，管是为了不管。班级实现自我管理就是班主任工作的最高目标之一。在带班过程中，班主任应该注意班级的班风，切实管理好班级。

第六节　集体主义、团结协作教育

一、活动名称

辅车相依、协力共进。

二、指导思想

新时代集体主义是习近平新时代中国特色社会主义思想的价值表达，植根于中国特色社会主义的伟大实践。中国共产党的集体主义历经近一个世纪的发展，内化为了社会主义核心价值体系的基本内核，凝聚为中国共产党领导中国人民站起来、富起来、强起来的强大的精神力量，形成了新时代中国文化软实力。而班级的发展同样脱离不了集体的作用。

三、班情分析

同学们通过了解国家在抗险救灾等方面做出的举措，清楚地认识到国家这个集体为个人带来的保护作用。但是在班级这个小集体中，部分同学还存在荣誉感不强，参与集体事务不主动的情况。

四、活动目标

认知目标：了解集体主义的内涵。
情感目标：感悟集体与个人的关系，树立为集体服务的意识。
行为目标：将集体主义精神落实到生活、学习中。

五、设计思路

感集体力量—说集体主义—悟集体精神—践集体行动。

六、活动准备

教师准备：
①收集关于国家抗险救灾的视频、抗险救灾英雄人物故事及新闻图片；
②制作课件；
③了解学生需求、收集生日信息。
学生准备：
①制作体验活动工具；
②准备野炊材料；
③收集案例。
工具准备：
①纸、笔、纸壳等；
②电子大屏。

七、实施过程

环节一:感集体力量

(1) 播放关于国家抗险救灾的视频。

(2) 思考讨论,引出话题。

自由讨论:你觉得中国能够高效处置灾情的原因是什么?

(3) 总结中国能够高效处置灾情的重要原因——举国同心、集体的力量。

· 设计意图 ·

让大家以观看视频等方式了解国家在抗险救灾方面的行动,感受到集体主义的力量,引起大家的情感共鸣。

环节二:说集体主义

(1) 各小组分享俞伯牙与钟子期、管仲与鲍叔牙故事,探讨友谊的定义。(见图 6-7)

图 6-7 俞伯牙与钟子期的故事

(2) 讨论复旦大学林森浩投毒案、云南大学马加爵杀人案等事例,探讨集体中同学和谐关系的重要性。

(3) 大家说一说:在班集体中,哪一种同学关系才是应该提倡的?

总结维护一个良好的班集体的具体做法。

· 设计意图 ·

讨论正反两方面的事例,让大家找到在集体中人际交往的正确方法,维护好集体内部的关系。

环节三：悟集体精神

（1）活动体验——风雨飘摇守护家（用报纸作为支撑，5人一组，组成一个“家”，顶着报纸，“家”在风雨中前进）。

（2）观看2023年世界游泳锦标赛4×100米混合泳接力比赛，了解张雨霏为接力比赛放弃个人优势项目——女子200米蝶泳的事迹。（见图6-8）

图6-8 在2023年世界游泳锦标赛4×100米混合泳接力比赛中，中国队夺冠

（3）共同商讨发布班级团结互助倡议书。

设计意图

让同学们通过活动体验共同达成集体目标的感受，通过观看比赛视频理解个人服从于集体的奉献精神。

环节四：践集体行动

（1）开展班级爬山、野炊等集体活动，让学生在活动中感受集体精神。

（2）成立班级互助小组，覆盖生活、学习、娱乐等各方面，每学期评选班级互助之星。

（3）建设“暖心工程”，对生活、学习上有困难的学生成立班级帮扶小组进行帮助，定期举办班级生日会。

设计意图

让同学们将集体主义精神落实到具体行动中，用行动建立集体内部的友谊，共同成长。

八、拓展延伸

(1) 集体完善班级公约。

(2) 给在集体中帮助过你的同学写一封感谢信。

九、总结反思

习近平总书记深刻指出:“力量源于团结。”新时代新征程,我们要更加注重弘扬伟大团结精神,更好凝聚团结奋斗的精神力量,汇聚众人之智,用好众人之力,把我们的事业不断推向前进。班集体的建设跟国家这个大集体一样,要以团结为首要条件。班主任的职责就在于营造团结协作的班级氛围,带领班集体共同成长。

第七节　自信心培养、挫折教育

一、活动名称

直面挫折，逆风飞扬。

二、指导思想

挫折是暂时的，也是永远的，抗挫折贯穿于一个人成长的始终。培养和提高学生抗挫折能力是一个复杂且漫长的教育过程，需要正确的引导，帮助学生走出当下的困境。

三、班情分析

学生正处于青春期，情绪敏感多变，面对挫折容易一蹶不振，全盘否定自我。中职班主任在教育教学日常活动中，关爱每一位学生，希望他们都能积极面对人生中每一次挫折，以积极的心态迎接挫折的挑战，书写人生成功的答案。

四、活动目标

认知目标：学生能够正确地认识和看待挫折，了解挫折对个人成长的重要性，以积极的态度面对挫折。

情感目标：引导学生直面挫折、战胜挫折，以挫折为翅膀，逆风飞扬；在挫折中培养坚强的意志力，完善健全的人格。

行为目标：学生接纳挫折以及挫折产生的负面情绪，学会用科学的方法战胜挫折。

五、设计思路

感挫折之境—析挫折之因—识挫折之意—越挫折之困。

六、活动准备

教师准备：相关视频。

学生准备：

收集组——收集有关资料（歌曲、名人名言、名人战胜挫折的故事）；

分享组——写出自己认为受挫折的事例以及心情；

宣传组——手绘“直面挫折”板报，自制宣传短视频；

智囊组——绘制应对挫折的思维导图。

七、实施过程

环节一：感挫折之境

（1）名人窘境。

贝多芬耳聋后创作了《命运交响曲》；司马迁在屈辱中完成了《史记》；屈原在流放期间

写出《离骚》；曹雪芹在穷困潦倒中写出巨著《红楼梦》；吴敬梓在贫困的寒夜写出《儒林外史》……

（2）分享短视频《生活的暴击值得感激吗？》。

· 设计意图 ·

回顾历史，导入话题“挫折”，自古雄才多磨难，从来纨绔少伟男。结合生活实际，激发学生探讨兴趣。

环节二：析挫折之因

（1）学生相互交流在学习、人际关系、家庭或其他方面遇到的挫折。

（2）结合实际，探讨挫折感出现的原因。

①外因：包括自然条件和社会条件的原因。

②内因：自己的意志力不够坚强，没有抗挫折的经验。

· 设计意图 ·

通过交流引起其他同学的情感共鸣，引导学生客观理智地分析自己所面临挫折的原因。

环节三：识挫折之意

（1）挫折的消极作用。

挫折会带来痛苦、压力。对人的肌体是一种打击，对人的心理是一种损伤，造成人精神上的痛苦，甚至使人的生活道路变得曲折。对一些抗挫折能力较弱的人来说，无疑是一种灾难。

（2）挫折的积极作用。

挫折有正面的推进作用。要明白挫折是任何人都避免不了的，具有普遍、客观性。面对挫折时，要通过坚强的意志战胜自己的消沉和软弱，通过自己的努力，最终坚定地走向成功。挫折并不可怕，在给人以打击、悲伤、痛苦时，也能使人奋起、成熟，变得坚强。

· 设计意图 ·

帮助学生辩证看待挫折，树立直面挫折的勇气。

环节四：越挫折之困

（1）打败挫折的法宝。

一个青年人把他的第一本小说书稿《气球上的五星期》寄到了出版社，过了一个星期，书稿被退了回来。他想了想，又将书稿寄给了另一家出版社。过了几天，书稿又被退了回来。他咬咬牙，又将书稿寄到第三家出版社……最后他寄了十六家出版社，被退回来了十六次。十六次失败，这对于一个爱好文学的人来说，无疑是个致命的打击！果然，他先是失望至极，继而拍案大怒，还一把将书稿扔进了火炉里，好在他的妻子把书稿及时抢了出来，还郑重地劝了他一句："你应该再试一次。"一句话点醒了他。他冷静地想了想，决定再试一次。他第十七次把书稿寄了出去。果然，第十七位出版商看中了这本书，决定立即出版，这本小说大获成功。随着小说的热销，世界开始对他刮目相看，他成功了！从此成了闻名世界的大作家！这个青年人就是凡尔纳，是19世纪法国作家，著名的科幻小说和冒险小说作家，曾写过《海底两万里》《地心游记》等著名书籍，被称为"科学幻想之父"。

凡尔纳成功的原因是什么呢？是坚持。

(2) 总结归纳应对挫折的方法。

故事引导学生展开讨论，总结战胜挫折的方法，如积极心理暗示、合理宣泄法、移情、目标升华、幽默法、补偿法等。

(3) 体验游戏"盲人过河"。

·设计意图·

加深学生的情感体验，提高学生的思想认识，帮助学生寻找战胜挫折的办法，体会挫折、战胜挫折、锤炼品质。

八、拓展延伸

(1) 阅读延展。

阅读书籍《活着》《假如给我三天光明》《钢铁是怎样炼成的》等。

(2) 歌曲接龙。

收集有关挫折教育的歌曲，如《水手》《风雨彩虹》《阳光总在风雨后》《从头再来》《隐形的翅膀》等，完成歌曲接龙。

九、总结反思

习近平总书记指出："奋斗不只是响亮的口号，而是要在做好每一件小事、完成每一项任务、履行每一项职责中见精神。奋斗的道路不会一帆风顺，往往荆棘丛生、充满坎坷。强者，总是从挫折中不断奋起、永不气馁。"中职生的人生道路才刚刚开始，人生道路上或许会布满荆棘，只有直面挫折，保持强大的内心才能走过漫漫长路，探索人生价值。

第八节 法治教育

一、活动名称

心中有“界”,手中有“戒”。

二、指导思想

习近平总书记强调:“普法工作要在针对性和实效性上下功夫,特别是要加强青少年法治教育,不断提升全体公民法治意识和法治素养。”中职生正处于世界观、人生观、价值观形成的关键时期,如何提升法治教育的实效性,是建班育人工作中需要解决的重要问题。

三、班情分析

部分同学法制观念不深,容易受蛊惑,为了一时“义气”做出违法犯罪的事。大多数同学能够做到自觉遵守法律法规,但是整体未形成牢固的法治观念。

四、活动目标

认知目标:了解有关青少年的法律法规知识,知道哪些是未成年人不能做的事情。

情感目标:提高安全和防范意识,养成自觉遵守和维护法律的习惯。

行为目标:遵守法律法规,自觉宣传法律法规,做一个知法懂法的中职生。

五、设计思路

集思广益论—法治新闻说—连线解疑问—法治实践行。

六、活动准备

教师准备:①法律法规相关知识;②收集中职生违反法律法规的案例;③邀请法治副校长进班级指导;④与校园管辖派出所民警沟通,邀请其在线和学生交流相关法律法规。

学生准备:①自行上网了解、收集各种关于法律法规的资料;②收集自己感兴趣的案例;③自行分组;④在班级“抖音”号开设“法治小天地”。

七、实施过程

环节一：集思广益论

（1）各抒己见：假如世界上没有红绿灯。

每组发言，教师总结。

红绿灯的设置是为了让我们遵守交通规则，那么法律法规的出现只是为了约束我们吗？它还起到保护我们的作用。就像如果路上没有红绿灯，很容易出现交通混乱的情况一样，我们的生命安全很难得到保障。

（2）说出有关青少年的法律法规的名称。

总结：《中华人民共和国未成年人保护法》《中华人民共和国预防未成年人犯罪法》等。

（3）请举例说说哪些是未成年人不能做的事情。

总结：旷课，夜不归宿，参与赌博、打架、勒索财物等。

环节二：法治新闻说

案例分享。分享课前收集的案例：某青年在地铁偷拍女子；某职业学校学生对同学进行勒索。

请法治副校长就案例进行解读，学生了解到在公共场合对陌生人进行拍摄，不论是否以营利为目的，只要未经过对方同意，都属于违法行为。偷拍行为涉嫌侵犯公民隐私权等，在《中华人民共和国治安管理处罚法》和《中华人民共和国刑法》中对此违法行为有相关处罚规定，让学生知道偷拍这一违法行为的严重性。

环节三：连线解疑问

请辖区内的负责学校治安的派出所民警在线进行普法解答，并进行《中华人民共和国未成年人保护法》《中华人民共和国预防未成年人犯罪法》的宣传，丰富学生法律知识。

环节四：法治实践行

（1）举办接龙比赛。

我要自觉做到：不吸烟、酗酒、聚赌、吸毒，不弃学经商、从工，不进营业性舞厅等不适宜未成年人活动的场所，不看淫秽、暴力、凶杀、恐怖等书刊、录像，不侵害其他未成年人的合法权益。

（2）开展班级“心中有‘界’，手中有‘戒’”主题海报签名活动。

八、拓展延伸

（1）将法律知识做成海报进行宣传。
（2）开设班级宣传栏“法治小天地”。
（3）录制“说法”小视频。

九、总结反思

将讨论互动、比赛等贯穿于整个主题活动中，提高了学生的参与积极性和主动性，使教育效果更深刻，教育活动充满生机。

第九节　职业生涯、终身学习教育

一、活动名称

燃起心中那团火，照亮精彩人生路。

二、指导思想

当今世界，科技突飞猛进，信息手段与日俱增，社会各界不断融合，不断向更深更广的领域发展，学习是人类生存和发展的重要手段；将职业生涯教育融入教育教学活动中，帮助学生适应从校园到企业的转换，使得学习的经验能在未来的工作中得到延伸。终身学习是自身发展和适应职业的必由之路；在教学实践中，将职业生涯教育和终身学习相结合，是构建职业生涯的有效机制。

三、班情分析

部分学生对终身学习有一定的抵触情绪，缺乏学习的动力，放松自我，虚度光阴。及时对学生开展职业生涯规划教育，让他们明确学习目的，树立终生学习目标，科学规划自己的人生，全方位提升自身素质和能力，为未来就业和事业发展打下坚实的基础，尤为重要。

四、活动目标

认知目标：了解企业不同岗位的分工。

情感目标：激发同学们坚持终身学习的热情。

行为目标：坚持学习，提高职业能力。

五、设计思路

观发展史—探企业人—燃心中火—践心中梦。

六、活动准备

物质准备：车辆、人身保险、告家长书。

人员准备：企业工程师、技术人员、工人。

学生准备：第 1 组——收集企业工程师的岗位要求等情况；第 2 组——收集企业技术人员的岗位要求等情况；第 3 组——收集企业工人的岗位要求等情况；第 4 组——收集企业基本情况，并与企业相关负责人沟通参观学习事宜。

七、实施过程

环节一：观发展史

观看《中国高速铁路发展之路》短片。（见图 6-9）

（网址：https://www.zhihu.com/zvideo/1633513469465997312。）

图 6-9　《中国高速铁路发展之路》短片

设计意图

让学生初步感受中国高铁从无到有、自主创新的发展历程，激发学生进取心，提高活动兴趣。

环节二：探企业人

（1）参观高铁车辆段维修车间。（见图 6-10）

（2）学生以小组为单位，探寻不同角色企业人在岗位上从事的工作，他们是怎么工作的等。

（3）班级讨论：不同岗位的工作环境、技能要求、专业要求等。

设计意图

通过探访，学生可以了解企业不同岗位的分工，感受到知识、技能在企业分工中的重要作用。

图 6-10　高铁车辆段维修车间

环节三：燃心中火

（1）请企业高级工程师给大家做报告，讲述自己是如何从一名初入职场的新人一步步成为高级工程师的，鼓励同学们脚踏实地，一步一个脚印地向着人生的最高峰前进。探访同学深受鼓舞，并与工程师合影留念。（见图 6-11）

图 6-11　探访同学与工程师合影留念

（2）请在企业工作的学长分享他在企业的成长之路。

·设计意图·

让学生认识到成长的过程,罗马不是一天建成的,要想获得职业成功,就要规划好自己的职业生涯,面对日新月异的社会,做好终身学习的准备。

环节四:践心中梦

(1) 踔厉奋发,迈向人生新征程。写下自己未来的职业生涯规划,并朝着目标迈进。

(2) 提高实训标准,部分零件的实训技术要求以高铁维修车间的相关要求为标准来严格要求自己,不断提高自身技能水平。

(3) 设置班级图书角,每个人制定自己的读书计划,并做主题分享。

·设计意图·

让同学们通过此次活动将终身学习的意识根植于行动中。

八、拓展延伸

(1) 小组合作,发挥艺术特长,为企业职工带来精彩的歌舞表演。

(2) 举办班级技能比赛。

九、总结反思

党的二十大报告指出,要推进教育数字化,建设全民终身学习的学习型社会、学习型大国。这是以习近平同志为核心的党中央在确定“实施科教兴国战略,强化现代化建设人才支撑”的目标任务时,坚持教育要面向现代化、面向世界、面向未来,对创新教育与学习方式做出的具有前瞻性、全局性的重要战略决策,意义非常重大而深远。中职学生要响应国家号召,将自己的青春汗水挥洒到技能强国的伟大蓝图中。

第十节　日常安全教育

一、活动名称

预防溺水，保护自我。

二、指导思想

党的十八大以来，以习近平同志为核心的党中央高度重视校园安全工作，十分关心少年儿童健康安全。防溺水安全教育是学校安全教育的头等大事。为了扎实有效开展防溺水安全教育工作，班级开展了防溺水安全教育主题班会活动。

三、班情分析

班级男生居多，且多数同学会游泳。本地公开水域较多，天气炎热时，许多同学喜欢到公开水域游泳，存在安全隐患。

四、活动目标

认知目标：了解身边地区的溺水“黑点”，熟知防溺水的“六不准”和溺水基本救治方法。

情感目标：树立防止溺水的意识，提高防溺水的警惕性。

行为目标：遵守防溺水各项规章制度，并积极宣传防溺水活动。

五、设计思路

溺水危害知多少—了解溺水“黑点”，认清危害—防溺水宣传我知晓—防止溺水我做到。

六、活动准备

教师准备：

(1) 搜索青少年溺水案例。

(2) 邀请民警录制防溺水安全教育视频并在线上与学生交流。

学生准备：

(1) 收集青少年溺水的视频素材等。

(2) 收集有关防溺水和应急处置方法，制作成海报。

七、实施过程

环节一：溺水危害知多少

(1) 播放溺水事故对家庭、朋友的影响的相关视频。

（2）民警线上介绍青少年暑假溺水事故。

（3）讨论：溺水离我们远吗？

环节二：了解溺水“黑点”，认清危害

（1）班主任提问：“同学们，你们对本地区的溺水‘黑点’有了解吗？”请学生发言。

（2）学生播放提前查找的科普短片并讲解。

（3）民警教大家识别容易溺水的“黑点”和区域。（在线教学或者播放提前录制好的教学视频。）

环节三：防溺水宣传我知晓

（1）以小组为单位，讨论课前整理好的防溺水的资料，每个小组派出代表发言。对表现优异的小组给予加分奖励。

（2）班主任总结发言，通过观看防溺水宣传片，学生认识到防溺水的重要性。

（3）通过视频了解溺水应急情况的救治方案。

环节四：防止溺水我做到

班主任提问：“发生溺水事故令人痛心，那作为学生的你们怎样才能远离溺水呢？”请学生踊跃发言。

班主任总结：①认识务必到位；②正确应对朋友野外游泳的邀请；③学会拒绝诱惑；④不熟悉水性的同学切勿私自下水；⑤疲劳时不要下水游泳。

八、拓展延伸

班主任带领全班同学进行防溺水宣言的宣读，其后在宣言文件上签字。

九、总结反思

（1）不定期进行防溺水知识问卷答题，检验学生相关知识掌握情况。

（2）发布相关任务，让学生与家长共同完成防溺水宣传画，并进行班级内部评比活动。

（3）家校沟通，向家长及时推送防溺水安全教育通知。

第十一节 心理健康教育

一、活动名称

关注心理卫生，悦纳自我。

二、指导思想

习近平总书记强调，要加大心理健康问题基础性研究，做好心理健康知识和心理疾病科普工作，规范发展心理治疗、心理咨询等心理健康服务。心理健康教育是学校思政工作的重要组成部分，学校要着力构建学生心理健康教育服务体系，培育学生自尊自信、理性平和、积极向上的健康心态。新征程上，学校要坚持育心与育德相结合，聚焦人文关怀和心理疏导，推动形成心理健康教育合力，更好促进学生心理健康素质与思想道德素质、科学文化素质的协调发展。

三、班情分析

班级少数同学存在一定程度的紧张情绪，抗压能力较弱，不能正确认识自己，需要在学习过程中加强心理建设。

四、活动目标

认知目标：学会正确、全面地认识自我。

情感目标：建立良好的自我形象，对自己充满自信心。

行为目标：发扬优点，克服缺点，塑造一个良好的自我。

五、设计思路

情景短剧展示—游戏“照镜子”—来自老师的一封信—优点“大轰炸”。

六、活动准备

教师准备：

(1) 一面小镜子。

(2) 收集相关案例和小故事。

学生准备：

(1) 进行关于自信心的问卷调查。

(2) 情景短剧表演。

七、实施过程

环节一：情景短剧展示

明明拿着刚发下来的考试卷子，背着书包垂头丧气地说：“怎么是不及格？”这时强强从后面追上来，冲他一笑：“听说要开运动会了，你这个体育健将可要多报几项啊！”明明却无精打采地说：“那有什么用，跑得再快也是‘头脑简单，四肢发达’。”

（1）你认为明明说的对吗？为什么？

（2）你想对明明说什么？

（3）通过这个情景短剧你能明白什么？

老师总结：考试成绩偶尔不理想并不能说明什么，我们要全面、正确地认识自己。

环节二：游戏“照镜子”

两位同学按要求闭上眼睛，老师用染红的手指点一位学生的鼻子，问：“这是什么？”学生回答：“鼻子。”接着再点另一位学生的额头，问：“这是什么？”学生回答：“额头。”学生回答的同时，颜色已染到他们的鼻子或额头上了，他们却全然不知。然后让他们面向全班同学，同学们哄堂大笑，他们感到莫名其妙，最后老师把小镜子递到他们手里，他们这才发现真相。

（1）思考：刚才的游戏对你有什么启发？

（2）老师总结：脸上的脏东西，别人看得清，自己却看不见，用小镜子一照，就看得清清楚楚了。让同学当一当这面小镜子，你会很快找出自己身上的优点和缺点。

环节三：来自老师的一封信

（1）小轩读来自老师的一封信。

（2）老师总结：我们要正确认识自己，同时要多和别人沟通交流，树立自信。

环节四：优点“大轰炸”

（1）同学眼中的我。

①学生自由找朋友，请这位朋友说说他眼中的自己有哪些优点。

②请几名学生说说听完之后的感受。

（2）老师眼中的我。

看看评价手册中老师对自己的评价。

(3) 游戏:成长漂流瓶。

每位学生收到一张纸条,上面有同学的名字,诚恳写下他(她)值得赞赏的地方,放进漂流瓶,然后发给他(她)。

八、拓展延伸

(1) 邀请心理学专家到校开展一次“正确认识自我”主题讲座。

(2) 设置心灵读书角,为学生提供经典的心理学方面的书籍,鼓励学生进行自我探索。

(3) 挑选几名代表上台演讲关于自己在自己和别人眼中的区别,然后老师点评。

九、总结反思

(1) 活动形式丰富,采用情景短剧、游戏等环节能够很好地吸引学生参与活动。

(2) 整个活动知情意行结合,过程完整,教育意义明显,最终能落实到行动上。

第十二节　网络文化教育

一、活动名称

文明上网我先行。

二、指导思想

深入学习贯彻习近平总书记系列重要讲话精神，把社会主义核心价值观贯穿校园网络内容建设和管理全过程。学校要大力开展网络安全进校园活动，组织全体师生积极参与，大力宣传倡导文明上网、增强网络安全意识、普及网络安全知识、提高网络素养、营造健康文明的网络环境，共同维护国家网络安全。

三、班情分析

处于青春期的学生，也正处于三观形成的重要阶段，大部分学生喜欢网络文化，经常使用手机进行与外界的交流，容易受到不健康网络内容的影响，需要及时加以引导。

四、活动目标

认知目标：知道哪些是不文明的上网行为。

情感目标：激发学生文明上网意识，理解文明上网。

行为目标：自觉文明上网，抵制不文明的网络语言和行为，签署文明上网承诺书。

五、设计思路

营造氛围—敞开心扉—案例解读—知情明理—游戏“击鼓传花”—制定行动。

六、活动准备

教师准备：

(1) 收集不文明上网导致违反治安条例的案例。

(2) 邀请法治副校长到班级指导工作。

(3) 准备小奖励物资。

学生准备：

(1) 收集关于古代文明礼仪的相关资料。

(2) 收集不文明的网络语言和行为。

(3) 数据调查——每人平均花在网络上的时间是多少？

七、实施过程

环节一:营造氛围

(1) 播放欢快的运动歌曲。

(2) 组织队形,学生在操场上围成一个圈。

要求:所有同学将手机交给班级手机管理员集中保管。

环节二:敞开心扉

每个人说一说自己上网主要做哪些事情。

每个人说一说自己认为的不文明上网行为。

每个人谈一谈自己是否有不文明上网的经历。

环节三:案例解读

学生分享不文明上网案例:在网络上散播谣言;用不文明语言攻击对方;网络诈骗。

教师分享不文明上网案例:学校进行网络直播时,学生在直播间使用不文明语言在评论区留言。

环节四:知情明理

(1) 总结不文明上网行为。

(2) 反思自己有哪些不文明上网行为。

(3) 掌握中华文明礼仪的基本要求。

(4) 了解古代关于文明礼仪的名句和行为。

环节五:游戏“击鼓传花”

活动规则:

(1) 每人说一句文明上网的宣传口号;

(2) 如果有人说不出或者大家认为说得不好,则该同学表演才艺。

环节六:制定行动

(1) 在班级中寻找一位监督自己使用手机的好朋友,约定互相监督、结伴运动;设置手机使用上限时间、晚上关机时间。

(2) 班主任总结执行情况。

八、拓展延伸

签订《文明上网　人人有责》承诺书。

九、总结反思

班级活动切景、切题、切实、切需,以学生之行启学生之悟。通过谈感想、参与趣味活动等,激发学生内在发展动力,寻找突破,主动成长,文明上网,从意识和行动上真正觉悟。

第七章 “道德品质”成长桥活动案例

第一节 理想信念教育——习近平新时代中国特色社会主义思想教育

一、活动名称

创新筑梦，担民族复兴大任。

二、指导思想

党的二十大提出，坚持不懈用习近平新时代中国特色社会主义思想凝心铸魂。习近平总书记指出，担当民族复兴大任的时代新人，必须是在思想水平、政治觉悟、道德品质、文化素养、精神状态等方面同新时代要求相符合的。培养时代新人，重中之重是要以坚定的理想信念筑牢精神之基。要在全体人民特别是青少年中加强理想信念教育，深化社会主义和共产主义宣传教育，深化中国特色社会主义和中国梦宣传教育，弘扬以爱国主义为核心的民族精神和以改革创新为核心的时代精神，让理想信念的明灯永远在全国各族人民心中闪亮。要推动社会主义核心价值观转化为思想自觉和行为习惯，抓住青少年价值观形成和确定的关键时期，从小就抓、从幼儿园就抓，引导青少年扣好人生第一粒扣子。

三、班情分析

班级学生被丰富的信息资源影响着世界观、人生观、价值观、分析解决问题的方式方法等，需要强化思想教育，让学生能自觉辨别和抵制各种不良思想，坚定理想，勇于担当时代使命。部分学生对习近平新时代中国特色社会主义思想认识不深，不能够将自己的专业很好地与民族复兴相结合。

四、活动目标

认知目标：了解习近平新时代中国特色社会主义思想的内容，知道实现中华民族伟大复兴需要具备的专业精神，知道实现中华民族伟大复兴需要扎实学好的专业技能。

情感目标：明确自身肩负的责任与使命，意识到拼搏和创新的重要性，努力实现技能强国的梦想。

行为目标：在专业技能学习中勇于挑战自己，积极主动参加班级创新专业小组。

五、设计思路

社会主义思想我来说—民族复兴我的梦—民族复兴我勇担—民族复兴我行动。

六、活动准备

教师准备：

（1）布置好党员活动室，将党员活动室中宣传习近平新时代中国特色社会主义思想的内容提前进行归纳总结；

（2）分组讨论需要的纸张、笔等工具。

学生准备：

提前在网上收集习近平新时代中国特色社会主义思想的主要内容、历史意义等文字和影音资料。

七、实施过程

环节一：社会主义思想我来说

（1）学生结合课前查找的资料汇报习近平新时代中国特色社会主义思想的内容。

（2）学生代表带领同学参观党史展馆并讲解。

环节二：民族复兴我的梦

（1）小组讨论民族复兴与智能制造的关系。

（2）小组派代表谈对于民族复兴的理解。

（3）班主任总结：智能制造助力实现中华民族的伟大复兴。

环节三：民族复兴我勇担

（1）知识抢答：国产工业机器人知识抢答。

（2）学生介绍国家自主创新科技——国产工业机器人的发展。

（3）讨论：作为一名中职生，我们如何践行习近平新时代中国特色社会主义思想？

（4）思考：民族复兴，我能为之做什么？

环节四：民族复兴我行动

（1）制定学期专业提升计划。

（2）成立技能结对帮扶小组。

（3）班主任总结本次活动，对学生提出期望。

八、拓展延伸

（1）根据本次主题活动的开展，学生写一篇500字左右的学习心得，并在班级教室的图书角张贴出来，进行交流展示。

（2）假期观看大国崛起等主题的电影，深入领悟习近平新时代中国特色社会主义思想取得的卓绝成就。

九、总结反思

（1）特色亮点。

①将班级活动与专业发展相结合，让学生清楚知道自己在民族复兴过程中的作用及地位。

②整个活动知情意行结合，过程完整，教育意义明显，最终能落实到行动上。

（2）效果反思。

①学生了解了习近平新时代中国特色社会主义思想中关于民族复兴的知识，明确了民族复兴与所学专业的关系。

②学生明确了为实现民族复兴自己的责任担当，确立了行动计划。

第二节　红色基因教育

一、活动名称

传承红色基因，弘扬爱国主义精神。

二、指导思想

党的二十大报告指出，推动理想信念教育常态化制度化，持续抓好党史、新中国史、改革开放史、社会主义发展史宣传教育，引导人民知史爱党、知史爱国，不断坚定中国特色社会主义共同理想。

三、班情分析

班级学生被丰富的信息资源影响着世界观、人生观、价值观、分析和解决问题的方式方法等，需要强化思想教育，通过学习党史，传承红色基因，厚植爱国主义情怀。

四、活动目标

认知目标：学习党史，了解党的光辉成就、艰辛历程、宝贵经验、深刻教训、优良传统。

情感目标：感悟红色记忆、红色基因，厚植爱国主义情怀。

行为目标：教育引导学生知史爱党、知史爱国，从中汲取力量，坚定自信地走向未来。

五、设计思路

观红色记忆—感红色基因—悟爱国精神—永远跟党走。（见图 7-1）

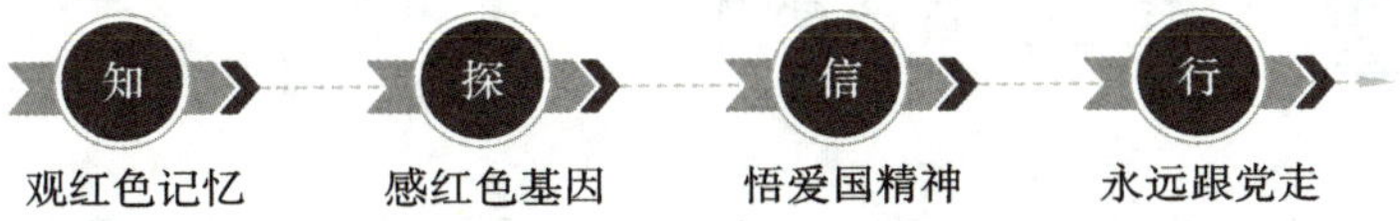

图 7-1　“传承红色基因，弘扬爱国主义精神”活动设计思路

六、活动准备

时间：班会课。

人员：将学生分为 4 组，方便开展活动。

场地：学生活动室。

道具：任务卡、马克笔、纸张等。

教师准备：PPT 文件、视频等。

学生准备：党史故事资料。

七、实施过程

环节一：观红色记忆

导入提问：大家知道中国共产党第一次全国代表大会的会址在哪里吗？

引导回答：上海。

云参观：中国共产党第一次全国代表大会纪念馆。（见图 7-2）

（扫描二维码进行云参观，图 7-3 所示为二维码。）

图 7-2　中国共产党第一次全国代表大会纪念馆

图 7-3　云参观二维码

·设计意图·

云参观中国共产党第一次全国代表大会纪念馆让学生感受红色记忆，了解中国共产党的历史。

环节二：感红色基因

小组竞赛：围绕中国共产党第一次全国代表大会开展党史知识竞赛。

·设计意图·

让同学们通过了解党史知识，感受红色基因。

环节三：悟爱国精神

党史故事分享：

（1）姜天巢——江山第一位共产党员；

（2）寻找李大钊故居里的红色记忆；

(3) 夏明翰的故事。

·设计意图·

让同学们深刻认识到，今天的中国，是多少革命先烈牺牲换来的，我们要热爱祖国，担当民族复兴大任。

环节四：永远跟党走

(1) 小组讨论。

思考：作为芯片行业未来人才，我们如何把爱国精神体现到日常学习中？

讨论结果上传至学习通平台。

(2) 全班合唱《歌唱祖国》。

·设计意图·

教育引导学生知史爱党、知史爱国，永远跟党走。

八、拓展延伸

(1) 观看《党史故事 100 讲》节目。

(2) 开展“四史”问答 30 秒活动。

九、总结反思

开展红色基因教育相关的班会活动，可以让学生认识到“四史”的重大意义；开展拓展延伸活动，引导学生知史爱党、知史爱国，不断坚定中国特色社会主义共同理想。

第三节　社会主义核心价值观教育

一、活动名称

与人为善，友善待人。

二、指导思想

党的二十大报告强调："用社会主义核心价值观铸魂育人，完善思想政治工作体系，推进大中小学思想政治教育一体化建设。"

积极培育社会主义核心价值观，对学生实行友善教育是当前德育工作的重点。友善是公民优秀的个人品质，是构建和谐人际关系和社会关系的道德纽带，更是维护健康良好社会秩序的伦理基础，友善在社会生活中发挥着不可替代的作用。

三、班情分析

班级学生中独生子女较多，言行举止间易出现以自我为中心的现象，班内学生会因日常生活中一些不必要的小误会、小摩擦而产生矛盾，同学间产生隔阂。友善教育涉及如何处理好自我与他人的关系，美好社会需要和谐的人际关系。开展此次班会，重在让学生了解友善内涵，在日常生活中能互帮互助、和睦友好。

四、活动目标

认知目标：了解社会主义核心价值观中友善的内涵。

情感目标：感受友谊和协作的乐趣，激发学生友善交往的意识。

行为目标：掌握友善交往的技巧，将友善意识用于人际交往中。

五、设计思路

知"友善"之义—析"友善"之德—燃"友善"之爱—行"友善"之为。

六、活动准备

时间：班会课。

人员：将学生分为4组，方便开展活动。

场地：本班教室。

道具：任务卡、马克笔、纸张等。

教师准备：小镜子。

学生准备：情景剧表演。

七、实施过程

环节一：知“友善”之义

导入：体验游戏“照镜子”。

操作：让学生面对镜子，根据老师的指令，做出不一样的表情。

提问：对于刚刚那个小游戏，同学们有何感受呢？

引导：你笑，镜子里的人也笑；你皱眉，镜子里的人也皱眉；你对着镜子大喊大叫，镜子里的人也大喊大叫。

正如一句话所说：“若要人敬己，先要己敬人！”

(1) 讨论生活中的友善行为。

总结：微笑、拥抱、帮助、信任、体谅、善解人意等。

(2) 明确友善的定义。

总结：友善即与人为善，要求人们善待亲友、他人、社会、自然；善待亲人以维持和谐家庭关系，善待朋友以保持牢固的友谊，善待他人以构建和谐的人际关系，善待自然以形成和谐的自然生态。

设计意图

加深学生的情感体验，引导学生观察生活，明晰友善的定义。

环节二：析“友善”之德

(1) 友善故事会。

①孔融让梨的故事。

孔融让梨是弘扬中华传统美德的经典故事之一，是关于中国东汉末年文学家孔融的故事。在孔融小时候，他和哥哥们一起吃梨，却总是拿小的吃，有大人问他为什么这么做，他回答说：“我年龄小，食量小，按道理应该拿小的。”这则故事告诉人们，做人应该懂得谦让的礼仪，谦让礼仪中蕴含着与人为善的处世原则，孔融让梨的故事成为中华民族家喻户晓的关于谦让、友善的经典故事。

②六尺巷。

清朝康熙年间的大学士、礼部尚书张英的家人与邻居吴家，因为宅基地问题发生了争执。张家人写了一封信给张英，想让张英为其撑腰。张英看后，淡然地写了一首诗：“一纸书来只为墙，让他三尺又何妨。长城万里今犹在，不见当年秦始皇。”张家人收到信后，明白其中深意，便让出了三尺地基。吴家被张家行为所感动，也让出三尺来。于是在两家之间就形成了一条六尺宽的巷子，成为佳话。“让他三尺又何妨”，这是邻居之间和睦相处的不二法门。

③将相和。

赵国文臣蔺相如出使秦国，使得完璧归赵。在渑池会上，他又机智勇敢地使赵王免受秦王的羞辱，于是赵王提拔蔺相如为上卿，官位在武将廉颇之上。老将廉颇自认军功了得，总是不服气，扬言如果见到蔺相如一定要给他难堪。蔺相如于是就称病不上朝，以免见到廉颇。外人都以为蔺相如是害怕廉颇，其实不然。蔺相如是为了赵国国家利益，认为将相不和会给秦国可乘之机。廉颇知道真相之后，主动负荆请罪，从此两人成为生死之交，共同保卫赵国。蔺相如的友善，不是懦弱，而是为了国家利益，团结同僚。

（2）学生讨论“友善故事会”带来的生活启发。

·设计意图·

分享故事，启发学生对友善的思考。

环节三：燃“友善”之爱

（1）忆友善之爱。

播放《孔融让梨》《将相和》《六尺巷》短视频。

（2）学生表演情景剧《太阳和风》。

太阳和风争论谁比较强壮，风说：“当然是我。你看下面那位穿着外套的老人，我打赌可以比你更快让他把外套脱下来。”说着，风便用力对着老人吹，希望把老人的外套吹下来。但是它愈吹，老人把外套裹得愈紧。后来，风吹累了，太阳便从云后出来，暖洋洋地照在老人身上。没多久，老人便开始擦汗，并且把外套脱下。于是太阳对风说道：“温和友善永远强过激烈狂暴。”

老师总结：这就是友善的力量。

（3）集体唱《友善歌》。

·设计意图·

传承弘扬传统文化中的友善之爱；明确友善之义，燃友善之爱。

环节四：行“友善”之为

（1）小组讨论。

思考：我们应该如何用友善提升人际交往能力？

讨论结果上传至学习通平台。

（2）全班齐读友善使者宣言。

友善是一种态度，友善是一个细小的动作。在学校，当有人遇到困难寻求帮助时，主动伸出援手；当同学心情不好时，主动去安慰；见到老师主动微笑问好，以礼相待。

在家庭，对父母尊敬有礼貌，不对父母大嚷大叫；关心父母，为父母分担力所能及的家务；体谅父母的辛苦，用好的表现给父母带去安慰。

在社会，在力所能及的范围内主动伸出自己的援助之手，献出自己的一份爱心；积极参加班级或学校组织的志愿服务活动。

结语：友善是中华民族的传统美德，它无时无刻不在我们的身边。做个友善的人，赠人玫瑰，手有余香，把你的友善赠予他人，让我们每一个人都能成为友善之人！

· 设计意图 ·

缓和学生之间的关系，明确如何行友善之举。

八、拓展延伸

（1）开展“友善之言”“友善之行”征集活动，然后在班级情景重现，师生共点评。

（2）分组讨论社会主义核心价值观，思考如何将社会主义核心价值观落实到学习生活中来。

九、总结反思

友善是中华民族的传统美德，它无时无刻不在我们的身边。

俄国作家托尔斯泰说过：“如果一切皆善，那么一切皆美。”做个友善的人，不是一朝一夕的事情，需要长期的付出和行动，因此，大家要把友善放在心里，落实到行动上，将这份中华民族传统美德落实在生活的点滴中。从小事做起，从点滴做起，做一个大家喜欢的友善学生。赠人玫瑰，手有余香，把友善赠予他人，让我们每一个人都能成为友善之人。

第四节 爱国主义教育

一、活动名称

厉害了，我的国。

二、指导思想

习近平总书记指出，爱国，是人世间最深层、最持久的情感，是一个人立德之源、立功之本。大力弘扬爱国主义精神，凝聚成一往无前的力量，推动中华民族伟大复兴的航船乘风破浪、扬帆远航。

三、班情分析

班级学生普遍具备爱国情怀，但是对于如何正确爱国还不能找到很好的路径，尤其对于如何专业报国存在疑问。

四、活动目标

认知目标：让学生理解爱国主义精神，了解正确的爱国路径，明白所学专业与国家发展的关系，知晓如何专业报国。

情感目标：强化学生忧患意识，培养学生使命感和责任感，引导学生不断提高自身素质，理性爱国。

行为目标：让学生在活动中增强民族自豪感，能将振兴中华的意识落实到自己的行动中，在以后的生活和学习中得以坚持。

五、设计思路

观爱国之情—感祖国之强—感榜样力量—践爱国之行。

六、活动准备

教师收集有关爱国的影片、演讲视频、名人图片资料，并制作多媒体课件。

七、实施过程

环节一：观爱国之情

播放视频——《红海行动》《战狼》《厉害了，我的国》影片片段。

提出问题：看完视频，同学们都知道这些片段出自哪些影片吗？想一想它的表现手法和我们以往看的有什么不同？

环节二：感祖国之强

（1）同学们分享。

同学们分享自己对这些反映国家强盛的影片的感受。

（2）大家说一说。

最近这几年我们的生活发生了哪些变化？这些变化给我们带来了哪些便利？

是谁让我们能够免遭恐怖袭击？是谁让我们的生活变得如此便利？

懂得感恩的我们该如何报答我们的祖国，如何体现我们的爱国情怀？

环节三：感榜样力量

（1）刘明侦的故事。

刘明侦简介：18 岁，留学英国；22 岁，硕士毕业于剑桥大学；25 岁，博士毕业于牛津大学，被电子科技大学聘为教授；28 岁，被任命为电子科技大学材料与能源学院副院长，成为该学院最年轻的副院长。

刘明侦主要研究新型材料钙钛矿太阳能电池的应用。这一材料的研发有可能突破国内传统太阳能产业成本高、效率低的困境。

问到她为什么要选择这一领域的时候，刘明侦表示，是和国家的国情相结合，国之所需，吾志所向。博士期间，她已经引起了众多国外高校和公司的关注。然而，博士毕业后，刘明侦坚定地选择了回国。

（2）游戏环节。

对于如何爱国，来看看其他人是怎么做的。下面举行一个有奖竞猜活动。猜一猜：他们是谁？他们是如何爱国的？

展示如郎平、屠呦呦等榜样人物的图片让学生进行竞猜。这个环节由学生来组织，并在此环节穿插榜样人物的历史事迹。

环节四：践爱国之行

（1）明确行动。

环节三中展示的榜样人物是新时代爱国的典例，是我们学习的榜样。屠呦呦，在失败了 190 次之后才成功。在当时没有先进实验设备、科研条件艰苦的情况下，屠呦呦带领着团队攻坚克难，面对失败不退缩，终于胜利完成科研任务。

屠呦呦是这样做的，那我们呢？我们应该像屠呦呦这样的爱国榜样学习，努力钻研，专业报国。

（2）心愿树上长果实。

同学们在心形纸上写下自己的心愿或者对祖国的祝福等，贴在“大树”上。

（3）两年约定。

给两年后的自己定一个小小的目标，写好后装信封里，两年后毕业再拿出来，看看两年前给自己定的目标是否已经实现。

（4）集体合唱《我的中国心》。

八、拓展延伸

（1）观看爱国主义教育电影。

（2）开展爱国主义教育主题讲座。

九、总结反思

（1）特色亮点。

① 活动形式丰富，采用观影、游戏等环节能够很好地吸引学生参与活动。

② 整个活动知情意行结合，过程完整，教育意义明显，最终能落实到行动上。

（2）效果反思。

① 学生将振兴中华的意识落实到自己的行动中，在生活和学习中得以坚持。

②学生的民族自豪感和历史责任感被激发，进一步弘扬爱国主义精神，爱国主义教育得到强化。

第五节　奋进新时代共产主义思想教育——学习宣传贯彻党的二十大精神

一、活动名称

踔厉奋发，做有为“芯”青年。

二、指导思想

在党的二十大上，习近平总书记做了大会报告，报告的标题、大会主题、报告正文共7次提到“团结奋斗”。

三、班情分析

班主任通过日常交流和观察，发现学生有“佛系”“躺平”等心态，所以需要焕发学生团结奋斗的精神。

四、活动目标

认知目标：认识党的二十大报告中团结奋斗的重要意义。

情感目标：感悟科技成就中的团结奋斗力量，激发学生团结奋斗的意识。

行为目标：引导学生弘扬团结奋斗的精神，并结合自身实际，明确奋斗目标，奋发有为，做有为“芯”青年。

五、设计思路

学报告—感精神—悟意志—启青春。（见图 7-4）

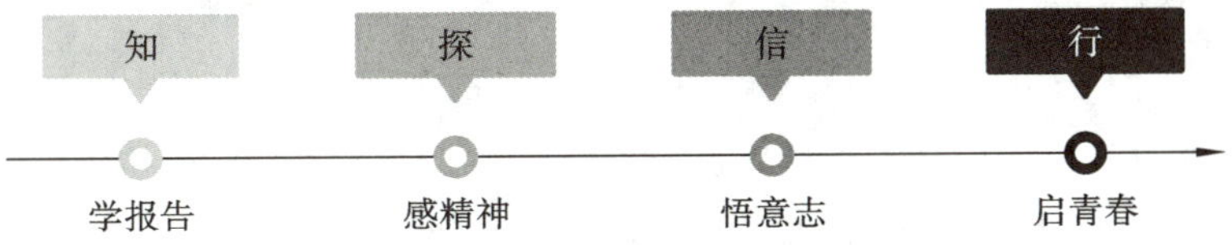

图 7-4　“踔厉奋发，做有为‘芯’青年”活动设计思路

六、活动准备

时间：第四学期。

场地：本班教室。

道具：任务卡、马克笔、叠石积木、目标卡等。

人员：将学生分为4组，方便开展活动。

七、实施过程

环节一：学报告

导语：在党的二十大报告中，“团结奋斗”出现了 7 次，“团结”出现了 27 次，“奋斗”出现了 28 次。（见图 7-5）

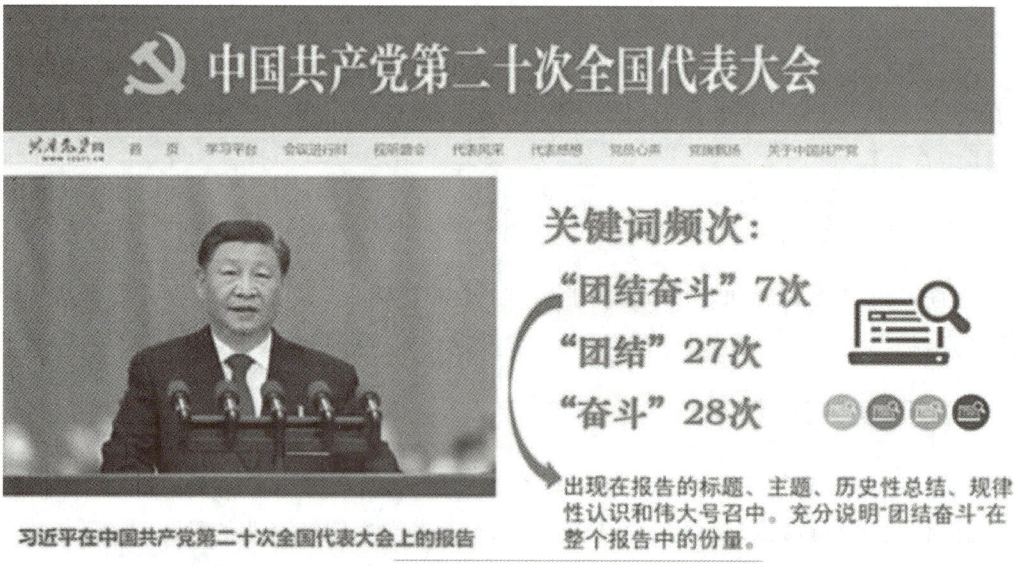

图 7-5　党的二十大报告中的关键词

（1）金句诵读。

开展党的二十大报告金句诵读系列活动之团结奋斗篇。

由班主任、下沉服务党员、团支部成员、入团积极分子一起进行金句诵读。

（2）观看视频。

视频 1：《领悟·一起学报告：团结奋斗》。

（视频 1 网址：https://v.qq.com/x/page/c33637v4avo.html。）

视频 2：《二十大报告我来讲：团结奋斗》。（见图 7-6）

（视频 2 网址：https://v.qq.com/x/page/v3367jcqkuj.html。）

·设计意图·

通过金句诵读和观看视频，学习党的二十大报告中的关键词——团结奋斗，充分认识团结奋斗的重要意义。

图 7-6 《二十大报告我来讲 · 团结奋斗》

环节二:感精神

导语:习近平总书记在参观“奋进新时代”主题成就展时强调,踔厉奋发、勇毅前行、团结奋斗,谱写全面建设社会主义现代化国家新篇章,夺取中国特色社会主义新胜利。

(1) 线上参观。

线上参观“奋进新时代”主题成就展,了解党的十八大以来,党和国家事业取得的历史性成就、发生的历史性变革。(见图 7-7)

(网址:http://fjxsd.cctv.cn/#/。)

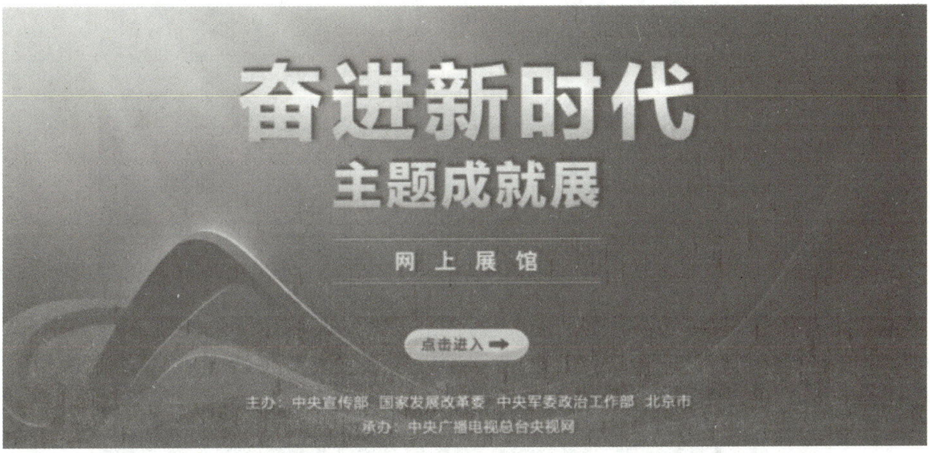

图 7-7 “奋进新时代”主题成就展

各小组组长领取“团结奋斗”任务卡和马克笔,同学们在线上参观过程中完成以下任务问题。

①党的十八大以来，我们党带领人民完成了哪三件大事？
一是迎来中国共产党成立一百周年。
二是中国特色社会主义进入新时代。
三是完成脱贫攻坚、全面建成小康社会的历史任务，实现第一个百年奋斗目标。
②找一找与专业相关的伟大科技成就。
每组通过扫描任务卡上的二维码上传答案。
(2) 学生分享。
各小组派代表进行主题分享。
探索组分享主题：从党的百年奋斗史感受团结就是力量。
奋斗组分享主题：从新时代国家大事中感受共同奋斗的力量。
初“芯”组分享主题：从芯片发展感悟团结奋斗的精神。
强盛组分享主题：主题成就展上与专业相关的伟大科技成就。(见图 7-8 和图 7-9)

图 7-8　芯片“脑语者”

图 7-9　北斗定位芯片

（3）教师总结。

习近平总书记说过，团结奋斗是中国人民创造历史伟业的必由之路。团结就是力量，奋斗才能成功。新时代党和国家事业的伟大成就都是团结奋斗的结果。

·设计意图·

线上参观“奋进新时代”主题成就展，设置相关答题任务，树立目标，让学生带着目标参观学习。

各小组分享，让学生感受到团结奋斗的精神力量，明白团结就是力量，奋斗才能成功。

环节三：悟意志

导语：业内常把芯片制造比作建房子，在指甲盖大小的芯片里能集成百亿颗晶体管。而建房子就像叠积木，所以，今天我们通过“极限堆叠”积木活动体验团结奋斗精神，感受团结奋斗的力量。（见图7-10）

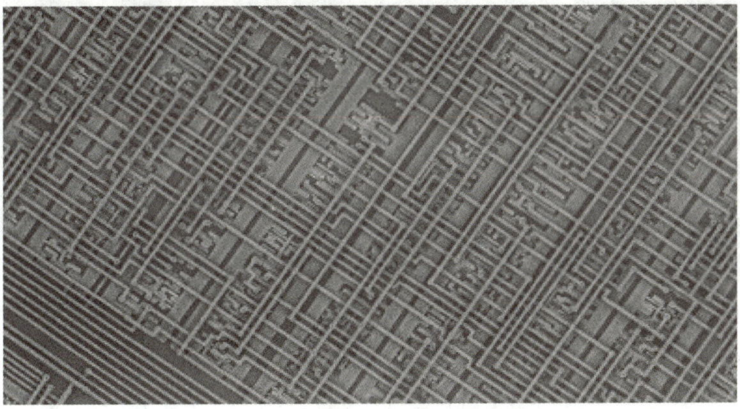

图7-10 芯片内部电路

（1）体验活动——团结奋斗之“极限堆叠”。（见图7-11）

图7-11 不规则叠石积木提升难度

活动介绍：

①大家一起设定一个目标高度，各小组共同参与“极限堆叠”活动；

②四个小组依次派代表参加活动，不断总结经验，向着更高的目标努力。

(2) 教师总结。

中国芯片要突围，需要各行业的团结奋斗。团结就是力量，奋斗开创未来，让青春在团结奋斗中创造无愧于时代的新业绩。

· 设计意图 ·

通过不规则叠石积木提升难度，设定目标，增强学生体验感。学生团结合作、真正地沉浸式体验共同奋斗的力量，让学生领悟到团结奋斗的精神。

环节四：启青春

(1) 小组讨论。

讨论主题：在科技创新的道路上，我们要怎么样团结奋斗呢？各小组在学习通平台讨论区上传讨论结果。

(2) 奋斗目标设定。

学生在目标卡上，写下一个一年内的奋斗目标，签上自己的名字，牢牢记住后放入“奋斗箱”。将“奋斗箱”封存，一年后打开。

(3) 教师总结。

围绕明确奋斗目标形成的团结才是最牢固的团结，依靠紧密团结进行的奋斗才是最有力的奋斗。

(4) 宣传展示。

①韩玥桐同学展示绘画作品——《团结奋斗之航空航天》。(见图 7-12)

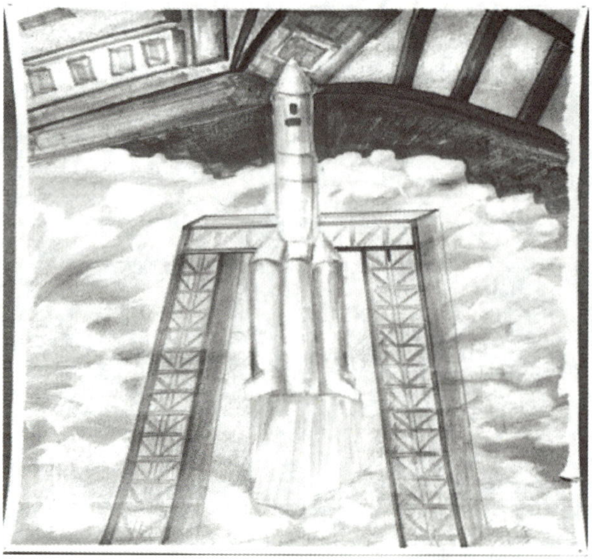

图 7-12　学生作品《团结奋斗之航空航天》

②汪子健同学展示书法作品——《百年奋斗路　启航新征程》。(见图 7-13)

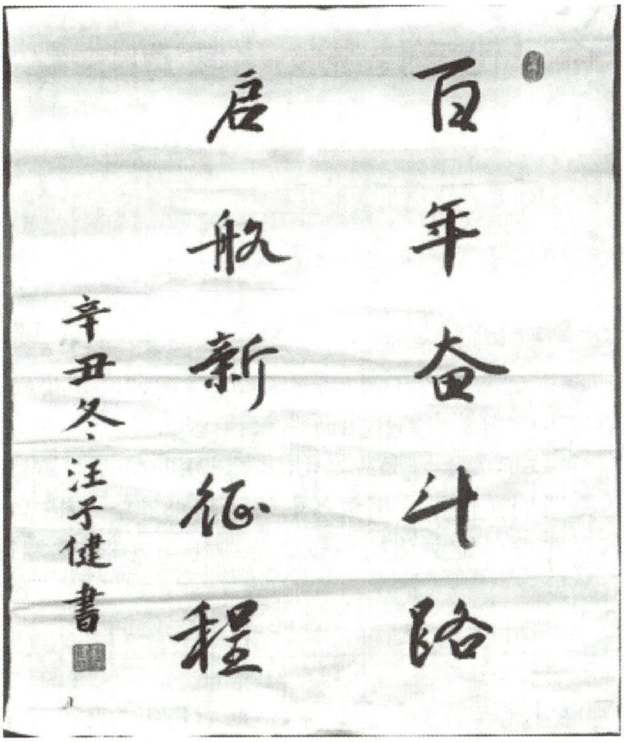

图 7-13　学生作品《百年奋斗路　启航新征程》

设计意图

学生进行小组讨论、设定奋斗目标，不断深化、转化团结奋斗精神内涵，深刻领悟到团结奋斗创造美好未来。

八、拓展延伸

(1) 开展“团结奋斗”主题读书交流会。

(2) 开展主题演讲赛，展现新时代青年风采。

(3) 开展“党的百年奋斗史”故事宣讲活动。

(班主任、下沉服务党员、团支部成员带头，辐射全班学生。)

九、总结反思

(1) 特色亮点。

①开展金句诵读、线上参观、团结奋斗之“极限堆叠”等丰富的活动，所有学生积极参与，能够做到学思践悟。

②丰富的拓展活动，让学生领悟并主动宣传团结奋斗精神，做到了深学细悟。

(2) 活动反思。

此次班会活动的开展，让学生认识学习到团结奋斗的重大意义。拓展延伸活动，让学生从思想上将团结奋斗的精神内化、深化、转化。

第六节　中华优秀传统文化教育、文化自信教育

一、活动名称

传承中华优秀传统文化。

二、指导思想

2023 年 6 月 2 日，习近平总书记在文化传承发展座谈会上指出，中华优秀传统文化有很多重要元素，共同塑造出中华文明的突出特性。

习近平总书记强调："中华优秀传统文化是中华民族的精神命脉，是涵养社会主义核心价值观的重要源泉，也是我们在世界文化激荡中站稳脚跟的坚实根基。"激发青少年对中华优秀传统文化的兴趣，让优秀传统文化的种子在心中牢牢扎根，才能进一步促进青少年学生全面发展。

三、班情分析

班级学生普遍对中华优秀传统文化感兴趣，但对中华优秀传统文化内涵的理解不够深入。学生是祖国的未来，加强中华优秀传统文化的熏陶，可以帮助学生树立健康向上的审美观和正确的价值观，从中汲取中国智慧，自觉传承中华优秀传统文化。

四、活动目标

认知目标：认识传承中华优秀传统文化的重要意义。

情感目标：感悟中华优秀传统文化的精神，激发文化自信。

行为目标：立志传承中华优秀传统文化。

五、设计思路

知传统文化种类—探传统文化内涵—感传统文化精神—立传承文化志向。（见图 7-14）

图 7-14　"传承中华优秀传统文化"活动设计思路

六、活动准备

时间：班会课。

人员：将学生分为 4 组，方便开展活动。

场地：学生活动室。

道具：任务卡、马克笔、纸张等。
教师准备：PPT文件、视频素材、彩灯。
学生准备：汉服秀、灯谜、学唱中华传统戏剧、书法表演。

七、实施过程

环节一：知传统文化种类

提问：说到中华优秀传统文化，大家最先想到什么？
引导：京剧、书法、汉服、武术……
小组接龙游戏——中华优秀传统文化我知道。
给各个小组3分钟准备时间，从第1组开始，依次说出中华优秀传统文化种类，不能重复。每次答题10秒钟，未按时答出的小组淘汰。

设计意图

设置小组接龙游戏，让学生认识到中华优秀传统文化种类是非常多的，增强学生文化自豪感。

环节二：探传统文化内涵

（1）小组讨论。
问题：刚才大家总结的中华优秀传统文化，为什么能让我们记住？
（2）希沃游戏来总结。
讨论：什么是中华优秀传统文化的内涵？
学生通过游戏界面的提示，结合刚才自己的总结，与教师一起讨论，得出中华优秀传统文化的内涵。

设计意图

此环节的设置，让学生明白：中国有许多优秀传统文化，每种文化都有其独特的价值和影响。这些文化相互交织、相互渗透，共同构成了丰富多彩的中华优秀传统文化。

环节三：感传统文化精神

（1）欣赏中华优秀传统文化。
观看视频：京剧《红灯记》。
（2）体验中华优秀传统文化。
各小组组织自己准备的与中华优秀传统文化相关的活动。

第1组：汉服秀（由班级热爱汉服的同学组织）。
第2组：猜灯谜（提前准备彩灯，其他小组参与，答对可获得彩灯）。
第3组：学唱中华传统戏剧（提前准备）。
第4组：书法表演（由班级热爱书法的同学组织）。

设计意图

（1）学生各展其才，体会不同的中华优秀传统文化的魅力。
（2）激发学生对于中华优秀传统文化的热情，感受中华优秀传统文化的内涵，提升文化自信。

环节四：立传承文化志向

（1）小组讨论。
结合所学专业，我们如何传承中华优秀传统文化的精神？
学生在学习通平台上传讨论结果。
（2）传承立志。
选择一项认为自己可以传承的中华优秀传统文化，从此刻开始学习，未来学有所成以后，在全班展示。
结语：通过学习和传承中华优秀传统文化，可以增强作为中国人的文化自信和民族自豪感。

设计意图

化情感为行动，自觉传承中华优秀传统文化。

八、拓展延伸

（1）学生学有所得以后，组织展示活动，让学生展示学习成果。
（2）制作一个反映家乡当地特有风俗的视频并展示评选。

九、总结反思

此次活动给了学生更多的自我展现空间，令学生能够通过轻松的游戏、展示表演更为风趣地展现出自己的传统文化知识；使学生对传统文化知识有了更深入的认识，领略到了传统文化的魅力，增强了文化自信。

第七节 中华民族共同体教育

一、活动名称

多姿多彩中华家。

二、指导思想

习近平总书记指出:“铸牢中华民族共同体意识、推进新时代党的民族工作高质量发展,是全党全国各族人民的共同任务。”我们要以铸牢中华民族共同体意识为主线,强化党建引领保障作用,牢牢把握立德树人根本任务,把铸牢中华民族共同体意识融入办学治校、教书育人全过程。要进一步加强学校中华民族共同体意识教育工作,扎实有效地做好民族团结工作,使全体学生进一步增强“汉族离不开少数民族、少数民族离不开汉族、各少数民族之间也相互离不开”的观念,牢固树立自觉维护祖国统一、反对民族歧视、反对民族分裂的思想意识。

三、班情分析

班级全体学生为00后,对我国是统一多民族国家的认识还不是十分深刻;平时主要通过抖音、哔哩哔哩等软件获取社会资讯,但甄别能力较弱,在多元化的观点和思潮的影响下,容易受到误导,需要通过深入细致的教育和引导,加深对我国统一多民族国家的国情的认识,牢固树立自觉维护祖国统一、反对民族歧视、反对民族分裂的思想意识。

四、活动目标

认知目标:认识到各民族是国家发展的必不可少的一部分。

情感目标:产生维护民族团结的主观意识。

行为目标:将维护民族团结落实到日常行为中。

五、设计思路

网络热点引关注—主题课堂知本质—具体实例生认同—班级活动践团结。

六、活动准备

物质准备:电脑大屏、纸、笔。

特邀指导:思政老师。

学生准备:排练节目、收集事例资料、准备食品。

教师准备:授课课件、授课视频、网络课程、“习语金句”。

七、实施过程

环节一：网络热点引关注

（1）观看视频：亮党徽的新疆大叔。（见图 7-15）

（视频网址：https://tv.cctv.com/2022/01/07/VIDElQkzbZT66yRXTiTvwRIG220107.shtml。）

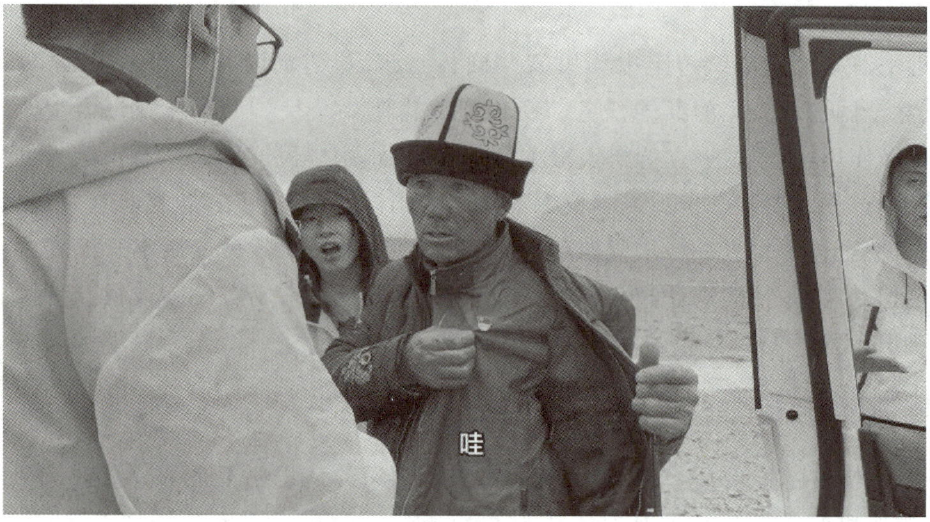

图 7-15　亮党徽的新疆大叔

（2）阅读习近平总书记关于中华民族共同体的“习语金句”。

2019 年 9 月 27 日，习近平在全国民族团结进步表彰大会上指出，各族人民亲如一家，是中华民族伟大复兴必定要实现的根本保证。实现中华民族伟大复兴的中国梦，就要以铸牢中华民族共同体意识为主线，把民族团结进步事业作为基础性事业抓紧抓好。

2021 年 8 月 27 日至 28 日，习近平在中央民族工作会议上指出，必须以铸牢中华民族共同体意识为新时代党的民族工作的主线，推动各民族坚定对伟大祖国、中华民族、中华文化、中国共产党、中国特色社会主义的高度认同，不断推进中华民族共同体建设。

2023 年 6 月 7 日至 8 日，习近平在内蒙古考察时指出，铸牢中华民族共同体意识是新时代党的民族工作的主线，也是民族地区各项工作的主线。民族地区的经济建设、政治建设、文化建设、社会建设、生态文明建设和党的建设等，都要紧紧围绕、毫不偏离这条主线。无论是出台法律法规还是政策措施，都要着眼于强化中华民族的共同性、增强中华民族共同体意识。

2020 年 9 月 25 日至 26 日，习近平在第三次中央新疆工作座谈会上指出，要加强中华民族共同体历史、中华民族多元一体格局的研究，将中华民族共同体意识教育纳入新疆干部教育、青少年教育、社会教育，教育引导各族干部群众树立正确的国家观、历史观、民族观、文化观、宗教观，让中华民族共同体意识根植心灵深处。

2021 年 3 月 5 日，习近平在参加内蒙古代表团审议时指出，要在各族干部群众中深入开展中华民族共同体意识教育，特别是要从青少年教育抓起，引导广大干部群众全面理解党的民族政策，树立正确的国家观、历史观、民族观、文化观、宗教观，旗帜鲜明反对各种错误思想观点，凝聚“建设亮丽内蒙古，共圆伟大中国梦”的合力。

2022 年 7 月 12 日至 15 日，习近平在新疆考察时指出，要教育引导广大干部群众正确认识新疆历史特别是民族发展史，树牢中华民族历史观，铸牢中国心、中华魂，特别是要深入推进青少年“筑基”工程，构筑中华民族共有精神家园。

· 设计意图 ·

通过网络热点和“习语金句”引发同学们对于民族团结的关注度。

环节二：主题课堂知本质

（1）登录国家职业教育智慧教育平台学习课程“优秀民族传统文化”。（见图 7-16）（网址：https://vocational.smartedu.cn/。）

图 7-16 课程“优秀民族传统文化”

（2）召开主题班会，小组讨论并以思维导图的方式总结我国各民族的传统节日、传统服饰、传统体育项目、传统习俗与传统技艺，并邀请思政老师点评。

· 设计意图 ·

通过具体案例和相关资料的讲解，引导学生深入了解中华民族共同体意识的内涵和重要价值，并启发学生从自身出发，思考如何在日常生活和学习中贯彻落实这一理念。

环节三：具体实例生认同

（1）各小组收集少数民族运动员资料进行分享。例如：李宁（壮族）、巴特尔（蒙古族）。

（2）各小组讲述张骞出使西域、文成公主和亲、昭君出塞等民族融合的故事。

（3）同学们分享自己到少数民族聚居区域游玩的经历，如凤凰古城、丽江古城等。（见图 7-17）

图 7-17　凤凰古城

设计意图

让同学们认识到少数民族在国家发展中的重要作用，了解统一多民族国家形成的历史轨迹，产生民族团结的心理认同。

环节四：班级活动践团结

（1）组织吃糍粑、团年菜，与班级土家族同学一起过年。

（2）以土家族文化为参考，排练节目，参加文明风采展示活动。

（3）收集本区域内主要的少数民族，如土家族、苗族、回族、侗族等的民族习俗的相关资料，在平时交往过程中注意尊重民族传统。

设计意图

体验少数民族文化，将民族团结意识落实到行动中。

八、拓展延伸

（1）以民族团结为主题，每人制作一幅手抄报。

（2）思考中国式现代化与西方现代化的区别，每个小组写一份 500 字左右的议论文。

九、总结反思

铸牢中华民族共同体意识进课堂活动是一个长期的教育工作，需要在今后的实践中不断完善和改进。同时，在实践中需要注意以下几点。

(1) 注重跨学科融合。铸牢中华民族共同体意识涉及多个方面的知识和技能，需要跨学科融合，充分利用语文、历史、政治、美术、音乐等各学科资源，提高教育效果。

(2) 注重与社会联系。铸牢中华民族共同体意识是社会共同责任，需要发挥社会力量的作用和积极性。可以通过邀请专家学者、企业家、政府官员等人士参与活动，向学生传授知识和经验，增强学生的社会意识和拓宽视野。

铸牢中华民族共同体意识进课堂活动是一项具有非常重要的意义和价值的教育工作。只有在广大教育工作者的共同努力下，才能够真正做好这项工作，为实现中华民族伟大复兴的中国梦做出积极贡献。

第八节 勤俭节约教育

一、活动名称

俭以养德，合理消费。

二、指导思想

习近平总书记始终高度重视传承勤俭节约优良传统，并做出一系列重要论述，指出“浪费粮食的不良风气必须坚决刹住”，强调“不论我们国家发展到什么水平，不论人民生活改善到什么地步，艰苦奋斗、勤俭节约的思想永远不能丢”，号召“努力使厉行节约、反对浪费在全社会蔚然成风”。

教育部办公厅发布《关于开展2023年职业院校“技能成才 强国有我”系列教育活动的通知》，要求强化行为规范养成，加强培育厉行勤俭节约等方面教育。

三、班情分析

根据班级消费情况问卷调查，部分学生月消费水平过高。通过观察，本班个别同学热衷于购买名牌服装、鞋子，甚至高端手机、电脑等产品。以上情况说明本班部分学生存在种种不良消费观，需要及时引导。

四、活动目标

认知目标：让学生了解什么是正确的消费观念，认识到不良消费观带来的后果，掌握如何科学、理性、合理地开展消费活动。

情感目标：让学生感受到不良消费带来的危害，强化学生勤俭节约的意识。

行为目标：引导学生合理消费，践行勤俭节约。

五、设计思路

知金钱之途—悟挥霍之害—立勤俭之德—践勤俭之行。（见图7-18）

图7-18 “俭以养德，合理消费”活动设计思路

六、活动准备

时间：第四学期。

场地：本班教室。

道具：任务卡、马克笔、目标卡等。

人员：将学生分为4组，方便开展活动。

教师准备：调查问卷、PPT文件、视频素材。

学生准备：①调查班级同学的消费观；②收集身边行为案例；③收集典型案例。

七、实施过程

环节一：知金钱之途

（1）辩论主题引思考：金钱是什么呢？

引导：在我们的工作和生活中，每个人都会接触到钱，也都离不开钱，你认为应以怎样的态度对待金钱呢？

（2）消费类型辨自身。

引导学生认识了解不同的消费观：挥霍型、情绪型、理智型等。帮助学生分析不同的消费者心理：从众、求异、攀比、求实等。引导学生正确地认识自己的消费观。

·设计意图·

引导学生思考金钱的意义，启发学生思考该如何正确地看待金钱。帮助学生认识了解不同的消费类型，明确自己的消费行为，做到量入为出、理性消费。

环节二：悟挥霍之害

（1）分享校园网贷真实案例，讨论消费悲剧成因。

（2）表演情景剧《一份心酸的月度账单》。

根据网购成瘾、攀比炫耀等不良消费行为，创作情景剧《一份心酸的月度账单》，用情景剧的形式再现不良消费观念给同学们带来的危害。

·设计意图·

帮助学生树立量入为出、适度消费的正确消费观。不良的消费观会导致金钱、身体的双重透支，影响正常生活，形成恶性循环。

环节三：立勤俭之德

（1）集体朗诵：诗歌《悯农》。

（2）名人故事会。

分享名人勤俭节约的故事，例如，勤俭节约的毛主席、雷锋的节约精神等。

设计意图

增强学生对俭以养德的情感认同，使学生树立勤俭节约、绿色环保的消费观。

环节四：践勤俭之行

（1）小组讨论。

思考中职生该如何理性消费？比如养成消费前思考的习惯，学会分清必要消费与想要消费之间的区别等。

（2）签订合理消费承诺书。

签订合理消费承诺书并拍照上传至家长群，请家长共同监督。

设计意图

使学生学会分析具体消费情景，养成理性消费习惯。

八、拓展延伸

（1）模拟一份家庭消费计划，并说一说怎样才算一个理智的消费者。

（2）开展关于“消费主义的陷阱”分享会。

设计意图

古人云“静以修身，俭以养德”，同学们通过交流分享等形式认识到不良消费观带来的危害，建立了理性消费意识。

九、总结反思

节俭朴素，力戒奢靡，是我们党的传家宝。党的十八大以来，习近平总书记多次强调要坚持勤俭办一切事业，坚决反对讲排场比阔气，坚决抵制享乐主义和奢靡之风；要大力弘扬中华民族勤俭节约的优秀传统，大力宣传节约光荣、浪费可耻的思想观念，努力使厉行节约、反对浪费在全社会蔚然成风。中职生现阶段还没有产生很大的社会价值，更应该做好勤俭节约，建立绿色、可持续发展的理念。此次活动取得了较好的效果，学生明确了不良消费、攀比、高消费等概念，提高了正确消费、理性消费的能力，树立了正确的消费观，逐步养成了勤俭节约的良好行为习惯。

第九节 孝老敬亲教育、感恩教育

一、活动名称

孝老敬亲,逐德之本。

二、指导思想

古人讲,"夫孝,德之本也"。自古以来,中国人就提倡孝老爱亲,倡导老吾老以及人之老、幼吾幼以及人之幼。我国已经进入老龄化社会。让老年人老有所养、老有所依、老有所乐、老有所安,关系社会和谐稳定。虽然,大部分中职生的家长现在还没有到需要赡养的年纪,但是孝老敬亲教育应该从小根植于青少年头脑,只有思想上认识到位才能在行为上做到位。

三、班情分析

班级学生多数是独生子女,在家庭中缺乏家务劳动经验,父母多数情况下"大包大揽",对孩子缺少家务劳动教育,使得孩子从小缺乏家庭责任意识,而且部分家长只注重孩子学习成绩而缺乏对孩子的责任教育,导致学生在中职阶段孝老敬亲观念不强,很少主动承担家庭责任。

四、活动目标

认知目标:加深孝老敬亲的本质理解。
情感目标:激发同学们孝老敬亲的热情,产生孝老敬亲的心理认同。
行为目标:将孝老敬亲落实到具体的生活、学习中。

五、设计思路

感孝亲美,悟领袖意—知孝老质,论敬亲例—观家长行,增孝亲念—圆父母愿,定学习计。

六、活动准备

工具准备:电脑大屏、纸、笔。
特邀指导:思政教师。
教师准备:授课课件、授课视频、网络课程、"习语金句"。

七、实施过程

环节一:感孝亲美,悟领袖意

(1) 观看《圆梦中国 德耀中华——第七届全国道德模范颁奖仪式》片段:全国孝老爱

亲道德模范吴建智(云南昭通学院学生)的故事。(见图 7-19)

(视频网址:https://tv.cctv.com/2019/09/15/VIDEd8xjBmirDDpEvWyVo3Kl190915.shtml。)

图 7-19 《圆梦中国 德耀中华——第七届全国道德模范颁奖仪式》

(2) 学习习近平同志关于孝老敬亲的事迹。

①2001 年 10 月 15 日，家人为习仲勋贺寿，唯独缺席的是时任福建省省长的习近平。在写给父亲的拜寿信里，习近平深情写道:“从父亲这里继承和吸取的高尚品质很多。”习仲勋非常理解儿子，回复说:“为人民服务，就是对父母最大的孝!”大孝忠于国。从孝顺父母，到关爱老干部，到对贫困老人嘘寒问暖，习近平总书记推己及人，敬老尊贤，努力让天下老年人安度晚年。

②时任河北正定县委书记的习近平第一次在《人民日报》发表署名文章，主题就是尊老。文章《中青年干部要“尊老”》强调要学习老干部的坚强党性、继承老干部的优秀品德、大力发扬老干部的优良传统、热情照顾好老干部的晚年生活等，真实反映了习近平尊老敬老的深情厚谊。

③福州长乐国际机场动建，一些部队老同志应邀参加动工仪式。动工前夜，时任福州市委书记的习近平特意让秘书通知基层干部，第二天风大、天冷，务必挨个打电话通知老同志，多带衣服、注意保暖。

④20 世纪 80 年代，习近平在正定工作期间，只要不出城关就骑自行车，而把正定县委仅有的一辆 212 吉普车配给了老干部使用。

⑤2017 年 11 月 17 日，全国精神文明建设表彰大会在北京人民大会堂举行。会前，习近平总书记会见与会代表。会见结束后，习近平总书记语重心长地对有关部门的同志说，给老道德模范让座，这是尊老敬老的传统美德，这就叫人伦常情。

⑥习近平总书记对老龄工作高度重视，强调要积极看待老龄社会，积极看待老年人和老年生活。老年是人的生命的重要阶段，是仍然可以有作为、有进步、有快乐的重要人生阶段。

设计意图

让同学们通过同龄人的故事学习孝老敬亲的榜样；通过了解领袖的做法，提高对孝老敬亲的关注。

环节二：知孝老质，论敬亲例

（1）同学们登录国家职业教育智慧教育平台，加入课程“中华虞舜孝文化与孝老敬贤”，学习相关课程知识。（见图 7-20）

（网址：https://vocational.smartedu.cn/。）

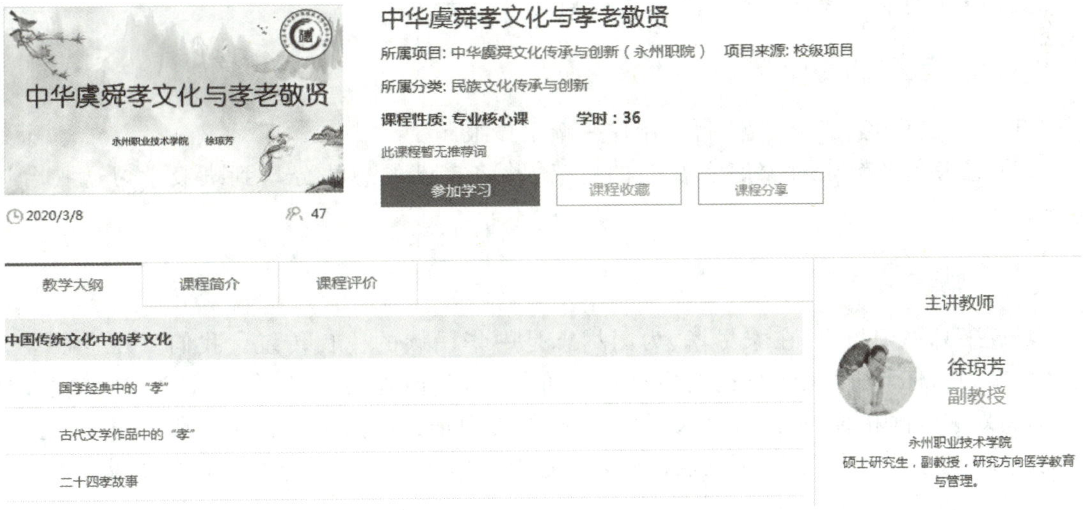

图 7-20　课程“中华虞舜孝文化与孝老敬贤”

（2）小组分享：每个小组分享一个关于孝老敬亲的故事。

设计意图

让同学们通过国家职业教育智慧教育平台课程的学习对孝老敬亲的本质有更深层次的理解，同时通过分享的孝老敬亲的故事让大家知道孝老敬亲的具体做法。

环节三：观家长行，增孝亲念

（1）开展“我的家风故事”活动，每个小组分享一个自己家族孝老敬亲的故事。

（2）开展“父母的一天”活动，扮演父母的角色，完成一天的家庭、工作任务，体验父母的艰辛。

（3）小组讨论：孝顺父母需要做好哪些事情？邀请思政教师进行点评。

·设计意图·

通过活动激发学生产生孝老敬亲的心理认同。

环节四：圆父母愿，定学习计

（1）开展“微心愿”活动，在自己力所能及的范围内帮助家长完成一项小心愿。
（2）制定家庭责任计划，承担部分家庭责任，并将好的做法分享到班级“抖音”号。
（3）制定成绩提高计划，明确提高成绩的具体执行方案。

·设计意图·

让同学们将自己孝老敬亲的心理落实到具体行动中。

八、拓展延伸

（1）以“当我老了”为主题，每人制作一幅手抄报。

（2）思考孝老敬亲对家庭和社会的意义，并将自己的想法分享到班级学习通平台讨论区。

九、总结反思

习近平总书记指出，在家尽孝、为国尽忠是中华民族的优良传统。我们要在全社会大力弘扬家国情怀，培育和践行社会主义核心价值观，弘扬爱国主义、集体主义、社会主义精神，提倡爱家爱国相统一，让每个人、每个家庭都为中华民族大家庭做出贡献。对于青少年来说，孝顺父母是个人之爱，更高层次的是能够为国家为社会发展做出自己的贡献。

第十节 生态文明教育

一、活动名称

保护生态文明，共建绿色家园。

二、指导思想

习近平指出，分析当前面临的新情况新问题，继续推进生态文明建设，必须以新时代中国特色社会主义生态文明思想为指导，正确处理几个重大关系。

我国把环境保护列为一项基本国策。环境保护，教育为本，环境教育是提高全民族思想道德素质和科学文化素质的基本手段。

三、班情分析

班级部分学生环境保护观念不强，为提高班级学生的环境意识，树立良好的环境道德观念和行为规范，在创建绿色学校的基础上，进一步加强环保教育，大力推进本班的素质教育。

四、活动目标

认知目标：了解我们的生存环境存在的严重问题，认识人与自然环境之间的关系。

情感目标：树立保护环境的观念，明确保护环境是我们每个人的责任。

行为目标：让每位学生的环保意识落到实处，从实际生活出发保护环境。

五、设计思路

知环保意义—悟环保精神—懂环保价值—做环保使者。（见图 7-21）

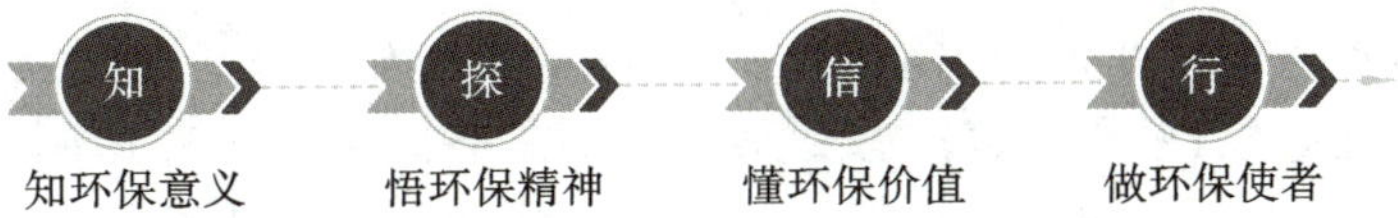

图 7-21 “保护生态文明，共建绿色家园”活动设计思路

六、活动准备

时间：班会课。

人员：将学生分为 4 组，方便开展活动。

场地：本班教室。

道具：任务卡、马克笔、纸张等。

七、实施过程

环节一：知环保意义

导入：

关于白鲟。白鲟曾为中国特有的大型濒危珍贵鱼类。2003 年 1 月，在长江上游四川南溪江段误捕一尾白鲟成体，经救护后放流，这是有记录的最后一尾白鲟活体。白鲟曾被列为中国一级重点保护动物，后在《世界自然保护联盟濒危物种红色名录》中被列为已经灭绝物种。

提问：白鲟为什么会灭绝？

新闻话题讨论：欧洲出现连续高温导致火灾发生。

引导：这些现象最终会导致什么？灭绝物种增多，气候变暖，地球不堪重负。

总结：保护环境，刻不容缓。

设计意图

让学生通过此环节认识到保护环境，刻不容缓。

环节二：悟环保精神

（1）情景剧表演：《地球的呼唤》。

太阳、月亮、星星和地球是非常要好的朋友，他们经常欢聚一堂。

太阳、月亮、星星可羡慕地球了！因为地球在宇宙界选美大赛中经常夺冠。这是为什么呢？原来地球有着蓝色的外衣、绿色的裙子、白色的围巾，有时候她的围巾会更换成红色的，再经过化妆，便立刻变成了一位高傲的公主。她那种高雅的气质能迷倒众多星球。

与往年一样，今年的选美大赛马上就要开始了，太阳、月亮和星星一同去邀请地球参加比赛。

一到地球家，哟！地球变得像巫婆似的。地球看到朋友们来了，便伤心地哭泣起来。

太阳博士、月亮医生、星星预言家感到很意外。月亮医生为地球诊断了一下，便说："地球是因为人类砍伐树木、大气污染、噪声污染等得的病。"月亮医生开了一个处方：禁止人类砍伐树木、大气污染、噪声污染，等等。月亮一切诊断停当后，太阳博士开导说："地球，请不要伤心了，我看还是通知各部门，为你每天吸走一部分毒气——"还没等太阳说完，星星预言家便插嘴道："太阳说得没错，我来给你预测一下你的未来会怎样吧！你有两种未来。第一种就是人类没有听从劝阻，他们继续破坏你、伤害你，你真的变成了地球巫婆。"听了这番话，地球的哭声更大了。

星星忙说："对不起！对不起！我不是故意的。你的第二种未来是这样的，人们听从了劝告，开始植树造林、治理风沙、减少噪声污染和大气污染。你又变成了能把星球们迷倒的地球。""不可能的，不可能的，人们已经无法觉悟了！"只听见地球那动人的歌喉竟变得像乌鸦叫了。这声音惊动了全宇宙，别的星球还以为是宇宙市长在唱歌呢！太阳、月亮和星星悲哀地叹了口气说：“人类，觉悟吧！难道你们没有听见地球在哭泣吗？”

（2）视频展示：全国人民为环保所做的努力。

广州保护白云山，整治珠江水，波光映晴的美成为每一个广州人的骄傲。

甘肃从提高公众的环保意识入手，大力开展“保护母亲河——天天环保”行动和生态家园、绿色学校创建活动，公众的环保意识明显增强。

（3）主题讨论：北京冬奥会上环保我来说。

设计意图

让大家知道我国在环境治理上的努力和成果。

环节三：懂环保价值

变废为宝活动展示。

大家相互交流环保小妙招，并提前准备材料和工具，按小组进行现场创新制作，变废为宝。

设计意图

让学生通过动手学习环保小妙招，体会变废为宝的乐趣，懂得环保的价值。

环节四：做环保使者

（1）小组讨论：在日常生活中，保护环境，我们可以做什么？

同学们在学习通平台上传讨论结果。

（2）“环保小卫士”宣誓。

现在就由我们一起来宣誓吧！以生命的名义，我承诺：

珍视天空，关爱大地；抵制污染，植绿护绿；珍爱生命，节约资源；

保护环境，保护自然；绿色消费，绿色人生。

设计意图

让同学们通过讨论和宣誓，将环保意识落实到行动中。

八、拓展延伸

（1）推行使用水杯行动。

（2）组织学生开展环境保护志愿活动。

九、总结反思

开展多种形式的活动，如情景剧表演，观看相关视频、新闻等，从知情意行全方位让学生认识到环保的重要性，并将自己的行为与环境保护结合起来。

第八章 “人文素质”成长桥活动案例

第一节　志愿服务

一、活动名称

榜样引领，志愿服务我践行。

二、指导思想

作为中华民族优秀传统品德的传承，今天，志愿服务成为我们社会文明进步最鲜明的标识，成为全社会加强精神文明建设、培育和践行社会主义核心价值观的重要内容。不同年龄、不同群体的广大志愿服务者在不求物质报酬的情况下，积极主动为社会和他人提供服务，形成了奉献、友爱、互助、进步的志愿精神。

三、班情分析

本班学生处于身心发展的关键时期，需要增强他们的社会参与意识、公民素质和担当精神。通过志愿者活动获得体验式教育，提高学生对社会问题的认识和理解。城市，会因志愿者的爱心变得更加美好。

四、活动目标

认知目标：认识志愿服务的精神和重要意义。

情感目标：弘扬志愿服务精神，激发志愿服务意志。

行为目标：将志愿服务精神融入日常、化作经常，积极参加志愿服务活动。

五、设计思路

知志愿服务精神—悟志愿服务意义—感志愿服务力量—做志愿服务青年。（见图 8-1）

六、活动准备

时间：第四学期。

图 8-1 “榜样引领，志愿服务我践行”活动设计思路

场地：本班教室。

道具：承诺卡、马克笔等。

人员：将学生分为 4 组，方便开展活动。

教师准备：PPT 文件、希沃互动游戏、视频素材。

学生准备：志愿服务相关事例。

七、实施过程

环节一：知志愿服务精神

（1）班会导入。

提问：大家知道志愿服务精神有哪些吗？

答：奉献、友爱、互助、进步。

（2）希沃游戏。

让学生通过希沃互动游戏知道什么是志愿服务（包括志愿服务特点、范围、功能）。

环节二：悟志愿服务意义

观看志愿者服务的相关视频《致敬最美志愿者》。

①冬奥会志愿者服务故事。（大型赛会）

②地震期间志愿服务故事。（应急救援）

环节三：感志愿服务力量

（1）榜样力量。

同学、学姐、教师共同分享各自的志愿服务经历。

①同学分享自己的志愿服务经历（如敬老院、社区、交通志愿服务经历）。

②学姐（形象设计专业）分享大型赛事的志愿服务经历（化妆志愿服务）。

③教师分享抗险救灾期间的志愿服务经历（社区志愿者）。

（2）分享感悟。

同学们上传自己对于志愿服务的感悟至学习通平台。

环节四：做志愿服务青年

（1）志愿承诺。

师生在志愿服务承诺卡上，写下一个一年内至少进行一次志愿服务的承诺，签上自己的名字，将承诺卡张贴到承诺墙上。

（2）集体诵读。

全班共同诵读《志愿者》：

我们是志愿者，我们的心里充满爱和责任感。

我们不计报酬，不求回报，只是为了帮助别人。

我们时刻关注着社会上的需要，尽自己的一份力量。

我们的工作涵盖了各个方面，从教育、医疗到环保、文化，无所不包。

我们不仅仅是在帮助别人，更是在成长中不断完善自我。

我们的工作没有边界，没有限制，只有无限的可能。

我们是志愿者，我们的初心永远不变，只要有需要，我们就会义无反顾地投身其中。

八、拓展延伸

（1）参加一次校园志愿服务。

（2）组织学生在教室、宿舍等处张贴志愿服务榜样的宣传画。

九、总结反思

习近平总书记指出，广大志愿者用青春和奉献提供了暖心的服务，向世界展示了蓬勃向上的中国青年形象。要在全社会广泛弘扬奉献、友爱、互助、进步的志愿精神，更好发挥志愿服务的积极作用，促进社会文明进步。在青少年心底根植志愿精神，是实现和谐社会的重要保障，同时，也是提升青少年个人情操的重要手段。此次班会活动的开展，让学生认识到志愿服务精神的重大意义，让学生从行动上践行志愿服务。

第二节　文化学习指导

一、活动名称

学如弓弩需强拉，才如箭镞中心靶。

二、指导思想

习近平总书记勉励青年团员，坚定信仰、砥砺品德，珍惜时光、勤奋学习，努力成长为有理想、有本领、有担当的社会主义建设者和接班人，为法治中国建设、为实现中华民族伟大复兴中国梦贡献智慧和力量。努力学习是党和国家对青年一代的嘱托。

三、班情分析

学生在初中阶段接受的基础教育与职业需求割裂较大，部分学生学习兴趣较低。从初中升入中职后，一些学生未找到新的目标及兴趣点，导致在课余时间无事可做。同时，部分同学对未来感到迷茫，导致学习缺乏动力。

四、活动目标

认知目标：让学生理解学习的本质内涵。

情感目标：让学生知道学习对于自身和国家发展的重要性。

行为目标：让学生制定学习计划，主动参与学习。

五、设计思路

感教育用，悟领袖意—学网络课，知学习质—修大家言，增发奋念—办学习赛，定学习计—写未来信，听导师教。（见图 8-2）

图 8-2　“学如弓弩需强拉，才如箭镞中心靶”活动设计思路

六、活动准备

工具准备：电脑大屏、纸、笔。

特邀指导：思政教师、企业导师。

学生准备：收集亲友故事。

教师准备：授课课件、授课视频、网络课程。

七、实施过程

环节一：感教育用，悟领袖意

(1) 观看视频：《教育成为经济高质量发展的最强底气》。

（视频网址：https://www.bilibili.com/video/BV1TE411171W/。）

(2) 学习习近平给中央民族大学附属中学全校学生的回信。

“学如弓弩，才如箭镞。”希望同学们珍惜美好时光，砥砺品德，陶冶情操，刻苦学习，全面发展，掌握真才实学，努力成为建设伟大祖国、建设美丽家乡的有用之才、栋梁之材，为促进民族团结进步、实现共同繁荣发展做出应有贡献。

·设计意图·

观看视频，让同学们知道学习对国家发展的重要性；学习“习语金句”，让同学们了解党和国家对青少年的期望。

环节二：学网络课，知学习质

(1) 同学们登录国家职业教育智慧教育平台，加入课程“中小学生认知与学习”，学习相关课程知识。（见图 8-3）

（课程网址：https://vocational.smartedu.cn/index.html。）

图 8-3　课程“中小学生认知与学习”

(2) 小组讨论：从自身发展、社会影响、国家需要等方面探讨学习的重要性，并邀请思政教师进行点评。

(3) 观工匠行，增创新念。

·设计意图·

通过国家职业教育智慧教育平台课程的学习，同学们对学习有全新的认知；通过小组讨论，认识到学习的重要性。

环节三：修大家言，增发奋念

（1）教师讲解孔子给出的人为什么要读书学习的三个原因。

①克己复礼。

子曰：“克己复礼为仁。一日克己复礼，天下归仁焉。为仁由己，而由人乎哉？”

②修身、齐家、治国、平天下。

《礼记·大学》：古之欲明明德于天下者，先治其国；欲治其国者，先齐其家；欲齐其家者，先修其身；欲修其身者，先正其心；欲正其心者，先诚其意；欲诚其意者，先致其知，致知在格物。

③学习是君子的品行之一。

敏而好学，不耻下问。

吾尝终日不食，终夜不寝，以思，无益，不如学也。

博学之，审问之，慎思之，明辨之，笃行之。

（2）学生代表分享周恩来为中华之崛起而读书的故事。

（3）每个小组分享一个自己亲友因为努力学习而改变自身命运，为社会做出贡献的真实案例。

·设计意图·

通过孔子的观点，告诉学生学习的作用；通过周总理和亲友的实例，加深学生感悟，学生认识到学习对于国家和自身发展的重要性。

环节四：办学习赛，定学习计

（1）开展班级学习竞赛：从作业完成量、作业质量、课堂表现、课外读书等方面进行评价，每月评选学习之星。

（2）每个同学分阶段制定学习计划并张贴在班级宣传栏，按时间节点检查计划达成度。

·设计意图·

通过开展学习竞赛的活动，激发同学们的学习热情，同时配合学习计划将学习落实到行动上来。

环节五:写未来信,听导师教

(1) 开展“写给 2035 年的一封信”活动,讨论如何实现 2035 年的远景目标。

(2) 参观校企合作企业,邀请企业导师讲解自己的成长历程。

通过给未来写信畅想自身发展成就,激发同学们为达到目标而努力学习,同时通过企业导师帮助同学们找准目标方向。

八、拓展延伸

(1) 同学们分享提高学习兴趣和学习效率的方法。

(2) 同学们展示自己的阶段性学习成果。

九、总结反思

习近平总书记强调,广大青年抓学习,既要惜时如金、孜孜不倦,下一番心无旁骛、静谧自怡的功夫,又要突出主干、择其精要,努力做到又博又专、愈博愈专。特别是要克服浮躁之气,静下来多读经典,多知其所以然。中职学生要响应党和国家号召,将主要精力用于学习读书,将自己的青春汗水挥洒到技能强国的伟大蓝图中。

第三节 劳动教育

一、活动名称

劳动创造美。

二、指导思想

2020 年 3 月，中共中央、国务院印发《关于全面加强新时代大中小学劳动教育的意见》，对新时代劳动教育做出顶层设计和全面部署。把劳动教育纳入人才培养全过程，贯通大中小学各学段，与德育、智育、体育、美育相融合，促进学生全面发展。

习近平总书记强调，很多知识和道理都来自劳动、来自生活。引导孩子们从小树立劳动观念，培养劳动习惯，提高劳动能力，有利于他们更好地学习知识。

三、班情分析

班级学生多数是独生子女，在家庭中缺乏家务劳动经验，父母多数情况下“大包大揽”，使得孩子从小缺乏劳动技能，劳动意识淡薄。部分家长只注重孩子学习成绩而缺乏对孩子的劳动教育，导致学生在中职阶段劳动观念不强，动手能力较弱。

四、活动目标

认知目标：认识劳动是一切成功的必由之路，是创造价值的唯一源泉。

情感目标：崇尚劳动、尊重劳动，懂得劳动最光荣、劳动最崇高、劳动最伟大、劳动最美丽。

行为目标：热爱劳动、热爱技能，把技能学习的具体目标同中华民族伟大复兴的目标结合起来。

五、设计思路

知劳动意义—懂劳动价值—悟劳模精神—践时代担当。（见图 8-4）

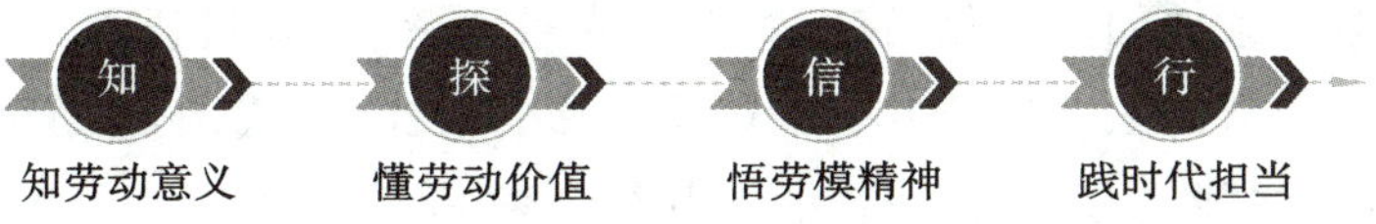

图 8-4 “劳动创造美”活动设计思路

六、活动准备

时间：班会课。

人员：将学生分为 4 组，方便开展活动。

场地：学生活动室。

道具：任务卡、马克笔等。

教师准备：提前和家长沟通活动中的提问环节和连线事宜；寻找本专业以往优秀毕业生并与其交流沟通；收集关于中国芯片奋进史的视频素材。

学生准备：完成习作《写给 2035 年的我》；搜索中国及中国芯片面向 2035 年的发展战略；查阅研发中国芯片的背景、难度及过程。

七、实施过程

环节一：知劳动意义

（1）观看关于中国取得的伟大成就及中国人民艰苦奋斗的相关视频。

无论是刻苦钻研的科学家、工程师、大国工匠，还是辛苦奔波的快递员、环卫工人、出租车司机，都可谓“劳动创造未来”的生动注解。

（2）学生思考：是谁让中国从弱到强，从站起来、富起来到强起来的？

答：是各行各业劳动者……

（3）老师总结：劳动不分贵贱，认真的劳动者最美。

设计意图

知自我局限：部分同学心中只有“小我”。

环节二：懂劳动价值

（1）看关于中国制造工人的相关视频。

（2）思考：建设者为什么值得人尊敬？

（3）连线家长，让其谈谈对劳动意义的看法。（提前准备）

（4）学习习近平总书记关于劳动的“习语金句”。

例如，“无论时代条件如何变化，我们始终都要崇尚劳动、尊重劳动者，始终重视发挥工人阶级和广大劳动群众的主力军作用。”“全面建成小康社会，我国亿万劳动群众是主体力量。”“劳动没有高低贵贱之分，任何一份职业都很光荣。”

（5）提问：大家听过《我和 2035 有个约》这首歌吗？为什么是“2035”？2035 年有什么重要的意义？

设计意图

让同学们深刻认识到劳动创造价值，开创我们的美好生活。

环节三:悟劳模精神

(1) 学生讲述芯片行业劳模英雄人物故事。

(2) 提问:中国芯片研发不断突破,在中国芯片奋进史中,蕴含着一种什么样的精神品质?

(3) 悟劳模精神:爱岗敬业、争创一流、艰苦奋斗、勇于创新、淡泊名利、甘于奉献。

(4) 寻找身边的劳动榜样(学校优秀毕业生)。

·设计意图·

回顾过去,体悟劳模精神,悟劳动最光荣,反思自我局限。

环节四:践时代担当

(1) 小组讨论:

①畅享 2035 年中国芯片发展情况。

②我们需要承担的时代担当是什么?

③立足现状,我能为祖国做什么?

(2) 在学习通平台上传讨论结果。

(3) 班主任寄语。总书记强调,要大力弘扬劳模精神、劳动精神、工匠精神。劳模精神、劳动精神、工匠精神是以爱国主义为核心的民族精神和以改革创新为核心的时代精神的生动体现,是鼓舞全党全国各族人民风雨无阻、勇敢前进的强大精神动力。作为集成电路专业的学生,我们应该不负青春担当,以实际行动迎接 2035 年,为中国芯片的发展贡献青春力量。

·设计意图·

展望未来,感时代担当,书写 2035 年职业梦想。化激情为动力,立足技能高考,制定提升计划。

八、拓展延伸

(1) 家校共育,设置家庭劳动日,拍照分享。

(2) 组织学生参加学校劳动主题志愿服务。

(3) 让学生写劳动感想。

九、总结反思

开展此次班会活动,可以让学生认识劳动的意义、感受劳动的价值、感悟劳模精神,加强学生劳动光荣的意识。拓展延伸活动的开展,让学生从思想上认同劳动创造未来,做热爱劳动的新时代青年。

第四节　美　　育

一、活动名称

提高审美情趣，促进全面发展。

二、指导思想

习近平总书记强调，要全面加强和改进学校美育，坚持以美育人、以文化人，提高学生审美和人文素养。中共中央办公厅、国务院办公厅颁发《关于全面加强和改进新时代学校美育工作的意见》，对新时代学校美育做出总体要求和部署，要求“弘扬中华美育精神，以美育人、以美化人、以美培元，把美育纳入各级各类学校人才培养全过程，贯穿学校教育各学段，培养德智体美劳全面发展的社会主义建设者和接班人。”从这一背景出发，做好美育工作是党和国家赋予学校的责任。

三、班情分析

同学们普遍喜欢流行文化，但对于美缺乏深刻的理解，尤其对于人文素养缺乏全方位的培育，无法对艺术作品做出深入的评价，只有少数同学拥有音乐或绘画方面的技能。

四、活动目标

认知目标：让同学们了解美育包含的具体内容。

情感目标：激发同学们提升自身艺术水平与审美能力的热情。

行为目标：鼓励同学们学会一门艺术技能。

五、设计思路

感东方美，悟领袖意—知美育质，论艺术界—观名家行，增学艺念—评艺术星，研艺术技—办艺评赛，扬传统美。（见图 8-5）

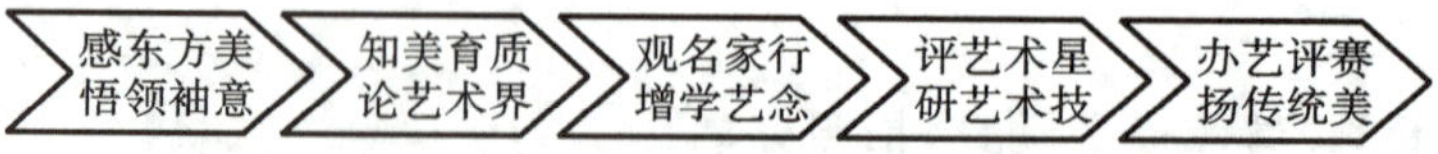

图 8-5　“提高审美情趣，促进全面发展”活动设计思路

六、活动准备

工具准备：电脑大屏、纸、笔。

特邀指导：音乐教师、美术教师。

教师准备：授课课件、授课视频、网络课程、“习语金句”。

七、实施过程

环节一：感东方美，悟领袖意

（1）观看 2022 年北京冬奥会开幕式文艺表演视频。（见图 8-6）

（观看网址：https://mp. weixin. qq. com/s? __biz=MzU4MTUwODQ0OQ==&mid=2247564519&idx=4&sn=556a9748d3e8db99e240fc820c35896f&chksm=fd4530e9ca32b9ffb1b308935fabb7cb0c170bda3045b4523db170342270afde8bca05af00df&scene=27。）

图 8-6 2022 年北京冬奥会开幕式

（2）小组讨论：视频里体现了哪些东方美？

（3）学习习近平总书记关于青少年美育工作的要求。

习近平总书记强调，做好美育工作，要坚持立德树人，扎根时代生活，遵循美育特点，弘扬中华美育精神，让祖国青年一代身心都健康成长。如何充分认识青少年美育的作用，做好美育工作，培养时代新人，成为学校、社会重点关注的话题。

·设计意图·

观看视频，引起同学们对中国美的兴趣；学习习近平总书记的讲话，让同学们感受到党和国家的期望。

环节二：知美育质，论艺术界

（1）同学们登录国家职业教育智慧教育平台，加入课程“艺术与美的欣赏”，学习相关课

程知识。(见图 8-7)

(学习网址：https://www. icve. com. cn/portal _ new/courseinfo/courseinfo. html? courseid=pi9xafsohbjl0zzz8gjsrq。)

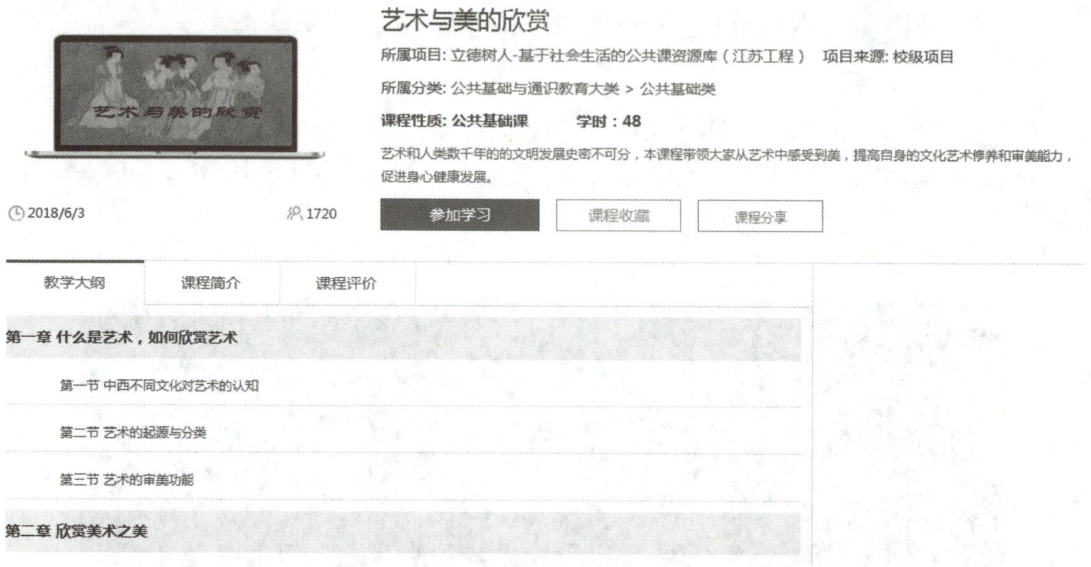

图 8-7　课程“艺术与美的欣赏”

(2) 小组讨论：生活、学习、实训中哪些领域跟美育和艺术有关？邀请美术、音乐教师进行点评。

设计意图

通过国家职业教育智慧教育平台课程的学习，同学们对美育的本质有更深层次的理解，同时通过讨论，明确了生活中存在的美的东西。

环节三：观名家行，增学艺念

(1) 观看歌唱家彭丽媛表演《木兰诗篇》的视频。(见图 8-8)

(观看网址：https://www. bilibili. com/video/BV1BE411p7Wf/? spm_id_from=333. 788. videocard. 16。)

(2) 阅读《音乐赋予我无边的想象力，爱因斯坦与小提琴的故事》。(见图 8-9)

(网址：https://m. thepaper. cn/baijiahao_15410268。)

(3) 欣赏徐悲鸿画作，感受其中的力量与美感，讨论徐悲鸿的爱国主义情怀。(见图 8-10)

设计意图

知晓名家故事，让同学们感受到艺术在宣扬国家优秀文化、激发创新思维上的作用，激发同学们提升自身艺术水平与审美能力的热情。

图 8-8 《木兰诗篇》表演

图 8-9 爱因斯坦与小提琴

图 8-10 徐悲鸿画作

环节四：评艺术星，研艺术技

(1) 在班级开展文艺比拼活动，评比班级音乐之星、美术之星。
(2) 参观美术馆、博物馆。(见图 8-11)

图 8-11　美术馆参观

(3) 每位同学选报一门艺术课程。

· 设计意图 ·

通过活动提高同学们的审美情趣，同时鼓励同学们学会一门艺术技能。

环节五：办艺评赛，扬传统美

(1) 鼓励同学们参加学校组织的“传统戏曲进校园”活动。
(2) 同学们寻找喜爱的艺术作品，写一篇艺术评论，并开展班级竞赛。

· 设计意图 ·

激发同学们传承传统艺术的热情，提升同学们的艺术欣赏能力。

八、拓展延伸

(1) 举办班级诗词朗诵会，尝试运用不同的语音、语调和语速来表达诗歌的情感和意境。

(2) 各个学生进行更广泛更深入的艺术鉴赏，如参观当地美术馆、博物馆或艺术展馆，并撰写一篇鉴赏文章。

(3) 根据自己的特长选择进行创意绘画、音乐赏析、舞蹈创作、戏剧表演等中的一项或多项，也可以研究生活美学，在生活中寻找美的元素，如风景、建筑、服装等，并拍摄下来。然后，选择自己最满意的一张照片，进行后期制作并分享给大家。

九、总结反思

习近平总书记指出，做好美育工作，要坚持立德树人，扎根时代生活，遵循美育特点，弘扬中华美育精神，让祖国青年一代身心都健康成长。职业教育以培养德才兼备、全面发展的人才为重要目标，通过学校美育工作培养学生的审美素养、道德情操、家国情怀，是实现人的全面发展的重要举措。弘扬传统音乐、美术文化，以美育人、培根铸魂，是新时代学校做好美育工作，构建德智体美劳全面育人体系的有效途径。

第五节 体 育

一、活动名称

坚持体育锻炼，奠定强国基础。

二、指导思想

习近平总书记强调，我们要坚持以增强人民体质、提高全民族身体素质和生活质量为目标，高度重视并充分发挥体育在促进人的全面发展中的重要作用，继续推进体育改革创新，加强体育科技研发，完善全民健身体系，增强广大人民群众特别是青少年体育健身意识，增强我国竞技体育的综合实力和国际竞争力，加快建设体育强国步伐。身体素质是职业学生发展职业技能的必要基础，对技能强国起到支撑作用，因此在学生心中根植坚持体育锻炼理念尤为重要。

三、班情分析

班级学生热衷于手机娱乐活动，缺乏必要的体育运动，在体质测评中得分不高，对于早操、课间操等缺乏热情。需加强对学生的教育引导，让学生坚持体育运动。

四、活动目标

认知目标：使学生认识到坚持体育锻炼是人生发展的必要条件。
情感目标：激发学生参加体育锻炼的热情，为技能强国打好身体基础。
行为目标：使学生确定锻炼计划，坚持每日锻炼。

五、设计思路

知体育锻炼意义—感体育锻炼魅力—悟体育锻炼力量—践体育锻炼行为。（见图8-12）

图 8-12 “坚持体育锻炼，奠定强国基础”活动设计思路

六、活动准备

时间：第一学期。
场地：本班教室。
道具：电脑大屏、纸、笔等。
人员：将学生分为 4 组，方便开展活动。
教师准备：授课课件、授课视频、网络课程、“习语金句”。

学生准备：收集岗位需求、准备“T台秀”。

七、实施过程

环节一：知体育锻炼意义

（1）活动前学习：同学们登录国家职业教育智慧教育平台，加入课程“体育与健康”，学习相关课程知识。（见图8-13）

（学习网址：https://www.icve.com.cn/portal_new/sourcematerial/edit_seematerial.html?docid=lloazeuv41m4iux3twavg。）

图8-13 课程“体育与健康”

（2）导入：检验活动前学习效果。

（3）小组讨论：生活、学习、实训中哪些领域需要具备良好的身体素质？邀请体育老师进行点评。

（4）学习习近平总书记在教育文化卫生体育领域专家代表座谈会上的讲话。

习近平总书记指出：“体育是提高人民健康水平的重要途径，是满足人民群众对美好生活向往、促进人的全面发展的重要手段，是促进经济社会发展的重要动力，是展示国家文化软实力的重要平台。”全面建设社会主义现代化强国，需要在各方面都强起来。“十四五”时期是我国在全面建成小康社会基础上开启全面建设社会主义现代化国家新征程的第一个五年。奋进新时代、迈上新征程，把体育健身同人民健康结合起来，把弘扬中华体育精神同坚定文化自信结合起来，坚持举国体制和市场机制相结合，牢记初心使命，持之以恒推进，才能不断向体育强国目标迈进。

设计意图

通过视频学习，引起同学们对体育的兴趣；学习习近平总书记的讲话，让同学们感受到党和国家的期望。

环节二：感体育锻炼魅力

（1）观看视频。

观看 2022 年北京冬奥会苏翊鸣获得单板滑雪男子大跳台冠军的比赛视频。（见图 8-14）

（视频网址：https://tv.cctv.cn/2021/12/06/VIDEwLAoodoeqfdOn5NwIxln211206.shtml。）

图 8-14　2022 年北京冬奥会单板滑雪男子大跳台比赛

（2）希沃互动游戏。

思考：一名优秀的职业运动员必备的条件是什么？

环节三：悟体育锻炼力量

（1）故事分享。

“共和国勋章”获得者钟南山的故事。钟院士每周都会抽出 3～4 天下班后的时间，进行 40～50 分钟运动，几十年如一日。（见图 8-15）

（2）各小组分别搜索电子技术、集成电路行业岗位要求，总结其中对身体素质的要求。

“鉴于我公司职工的工作要面临流动性大、条件艰苦、劳动强度大等诸多因素，为了保护职工的身体健康和生命安全，也为了确保施工生产的正常运行，特对新入职员工的身体条件做如下要求……”

（3）举办班级 T 台秀，让班级内喜欢运动的同学展示健美身材，分享自己的运动心得。

图 8-15 钟南山院士注重锻炼

·设计意图·

通过钟南山院士的故事和班级T台秀激发同学们参加体育运动的热情，同时相关专业岗位要求让同学们认识到身体素质在职业发展中的重要性。

环节四：践体育锻炼行为

（1）倡议活动：坚持21天运动“打卡”。

学生在倡议书上签字，选择一项运动，领取活动规则表。

（2）每个学生制定运动计划，并张贴在教室宣传栏，由体育委员进行监督执行。

·设计意图·

“打卡”活动的开展和运动计划的制定，让同学们将坚持运动理念落实到日常生活中。

八、拓展延伸

（1）在班级举办篮球赛、羽毛球赛，检验同学们的运动成果。

（2）针对实训对身体条件的要求进行总结，制定相对应的训练方法，提高实训质量。

九、总结反思

课后通过体育比赛检验同学们的锻炼成果，最终将运动的成果与实训技能的提升相结合。良好的身体素质是一切的基础，没有良好的体魄就难以取得大的事业成就。因此中职生要加强体育锻炼，做好技能强国的身体素质方面的准备。

第六节　青春期教育

一、活动名称

花开有度，青春不负。

二、指导思想

当前国家和社会除了重视中职学生的专业技能外，更重视中职学生的品质、行径和心理状态。中职生涯是学生继初中之后青春期的延续，青春期教育是学校教育中很重要的一部分，青春期恋爱问题是家长们最头疼的问题之一，亦是最影响同学们心境的现实涟漪。

三、班情分析

班主任在与学生的沟通交流中了解到他们对谈恋爱的态度，有的学生表示出羡慕之情，有的表示没有特别的感触，如何对待早恋，学生没有清晰的认知。

四、活动目标

认知目标：认识到早恋的危害，摆正感情认知。

情感目标：建立正确的恋爱观，树立远大理想。

行为目标：正确处理异性情愫，开展正常人际交往，做到自尊自爱，努力学习，提升技能。

五、设计思路

情景再现知困境—正反辩论溯利弊—活动反思悟标准—师生合力有良方。（见图8-16）

图 8-16　“花开有度，青春不负”活动设计思路

六、活动准备

时间：班会课。

人员：将学生分为 4 组，方便开展活动。

场地：本班教室。

道具：任务卡、马克笔、纸张等。

教师准备：PPT 文件、正反面案例视频资源。

学生准备：

第 1 组——制作调查问卷并发放收集整理（调查当前困扰大家的青春期与异性相处的问题）。

第 2 组——情景剧准备(3 个场景),场景布置,音乐、道具准备。
第 3 组——辩论赛准备,确定正反方选手、裁判,准备辩论资料。
第 4 组——活动后效果检验。

七、实施过程

环节一:情景再现知困境

(1) 导入。

展示一些关于青春期烦恼的图片。(见图 8-17)

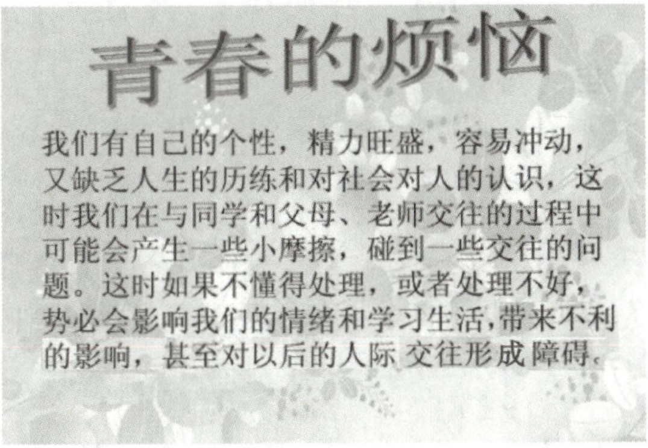

(a)

(b)

图 8-17 青春期的烦恼

提问:你们最近有这些烦恼吗?

(2) 情景剧重现。

场景 1:某男生对班上一名女生有好感,觉得她很美好,但是真的做了同桌,发现她也并不是那么美好。

场景 2:某女生被男生表白,内心很纠结,怕接受会影响学习,又怕拒绝伤其自尊。

场景 3:好朋友恋爱了,自己还孤身一人,每天憧憬爱情的来临。

(3) 展示调查问卷中占比最高的情感困扰。

· 设计意图 ·

通过情景剧再现,导入正在困扰同学们的问题,引起共鸣。

环节二:正反辩论溯利弊

辩论赛:正反两方针对早恋的利与弊展开激烈辩论,总结早恋的利弊。

(1) 早恋的“利”:

①满足情感需要,有了倾诉与陪伴的好对象;

②满足对感情的好奇心；
③有助于了解异性。
（2）早恋的“弊”：
①危害身心健康；
②对学习造成干扰；
③影响同学关系、亲子关系；
④容易产生越轨行为，严重的可能导致犯罪。

· 设计意图 ·

通过讨论、头脑风暴、思维的碰撞激起辩手及观看同学的积极性，更能引起大家的主动思考。

环节三：活动反思悟标准

（1）“我给老师找男朋友”。
总结收集同学们的择偶标准。
反思：现在我们达到自己列出的标准了吗？我们离这个标准还有多远？
（2）“畅想优秀的我”。
写出对未来的自己的要求。

· 设计意图 ·

以自己的标准为老师找男朋友，再对照标准进行反思，达到自我教育的目的。

环节四：师生合力有良方

导语：早恋是朵带刺的玫瑰，我们常常被它的芬芳所吸引，一旦情不自禁地触摸，又常常被无情刺伤。
（1）心理专家来指导。
邀请心理专家讲解如何正确看待与异性的关系，分享正确的交往原则。
（2）小组讨论。
思考：知晓与异性交往的原则后，我们该如何与异性交往？在学习通平台上传讨论的结果。
（3）电子屏展示本班级同学入校以来充满青春活力、意气风发的照片。
结语：青春，是充满智慧与力量的，是爱幻想、爱自由、爱冒险的；青春色彩斑斓又激情飞扬，但又充斥着情感烦恼，我们需要正视它，学会自我调节的方法。

· 设计意图 ·

每个学生找到解决问题的方法，解除心中的困扰，树立正确的恋爱观，重新激起学习的热情，升华情感。

八、拓展延伸

组织同学们写一段青春誓言，贴在心愿墙上时刻激励自己，请家长们给孩子们写一封信，给予孩子青春的鼓励。

九、总结反思

本次活动采用了多种方法，包括小组讨论、角色扮演、辩论赛、互动游戏等，引导学生正确认识青春期的生理和心理变化，以及应对这些变化的方法。学生分组讨论，情景再现彼此的经历和困惑。通过辩论，学生明白如何对待青春期的自己萌生的异性情感。活动有效地吸引了学生的注意力，让学生成为活动的主体，取得了一定的效果，但仍有待改进和完善的地方。未来，学校应继续关注学生的需求，不断优化活动内容和方法，帮助学生顺利度过青春期。同时，应加强各学科教师之间的合作，共同推动学生的全面发展。

第七节　职业精神、工匠精神、职业道德培养

一、活动名称

今研技能工匠魂，明展报国凌云志。

二、指导思想

习近平总书记强调：我国工人阶级和广大劳动群众要大力弘扬劳模精神、劳动精神、工匠精神，适应当今世界科技革命和产业变革的需要，勤学苦练、深入钻研，勇于创新、敢为人先，不断提高技术技能水平，为推动高质量发展、实施制造强国战略、全面建设社会主义现代化国家贡献智慧和力量。职业院校学生作为未来的技术技能人才，是发扬工匠精神的首选人群，需要将工匠精神根植于学习、实训中。

三、班情分析

学生在初中阶段接受的基础教育相对来说缺乏职业性，与工作岗位距离较远，因此对于工匠精神理解不深；在家庭生活中参与劳动较少，动手的能力和意愿不足，缺乏劳动经验，导致学生的吃苦耐劳精神、精益求精精神等不足，需要通过活动教育，补齐工匠精神的短板。

四、活动目标

认知目标：让学生认识什么是工匠精神。

情感目标：让学生体悟工匠精神的重大意义。

行为目标：让学生将工匠精神落实到学习、实训中。

五、设计思路

感工匠重，悟领袖意—知工匠质，论工匠行—观工匠行，增工匠念—融工匠魂，明工匠路—办技能赛，定发展计。（见图 8-18）

图 8-18　“今研技能工匠魂，明展报国凌云志”活动设计思路

六、活动准备

工具准备：电脑大屏、纸、笔、手写板。

特邀指导：企业导师。

学生准备：收集合作企业工匠人物事迹。

教师准备：授课课件、授课视频、网络课程，邀请企业导师、联系参观企业。

七、实施过程

环节一：感工匠重，悟领袖意

（1）观看视频：《国家复兴之路：振兴国产产业，弘扬工匠精神》。（见图 8-19）

（视频网址：https://haokan.baidu.com/v?pd=wisenatural&vid=13733403999484434535。）

图 8-19 《国家复兴之路：振兴国产产业，弘扬工匠精神》

（2）学习习近平总书记对于青少年学生追求工匠精神的指示。

①要更加重视青年人才培养，努力造就一批具有世界影响力的顶尖科技人才，稳定支持一批创新团队，培养更多高素质技术技能人才、能工巧匠、大国工匠。

②劳动者素质对一个国家、一个民族发展至关重要。当今世界，综合国力的竞争归根到底是人才的竞争、劳动者素质的竞争。我国工人阶级和广大劳动群众要树立终身学习的理念，养成善于学习、勤于思考的习惯，实现学以养德、学以增智、学以致用。要适应新一轮科技革命和产业变革的需要，密切关注行业、产业前沿知识和技术进展，勤学苦练、深入钻研，不断提高技术技能水平。要完善现代职业教育制度，创新各层次各类型职业教育模式，为劳动者成长创造良好条件。技术工人是支撑中国制造、中国创造的重要基础。要完善和落实技术工人培养、使用、评价、考核机制，提高技能人才待遇水平，畅通技能人才职业发展通道，完善技能人才激励政策，激励更多劳动者特别是青年人走技能成才、技能报国之路，培养更多高技能人才和大国工匠。要增强创新意识、培养创新思维，展示锐意创新的勇气、敢为人先的锐气、蓬勃向上的朝气。要推进产业工人队伍建设改革，落实产业工人思想引领、建功立业、素质提升、地位提高、队伍壮大等改革措施，造就一支有理想守信念、懂技术会创新、敢担当讲奉献的宏大产业工人队伍。

设计意图

通过观看视频，引起同学们对成为大国工匠的兴趣；学习习近平总书记的话，让同学们感受到党和国家的期望。

环节二：知工匠质，论工匠行

(1) 同学们登录国家职业教育智慧教育平台，加入课程“寻匠悟道”，学习相关课程知识。(见图 8-20)

(学习网址：https://www.icve.com.cn/portal_new/courseinfo/courseinfo.html?courseid=wmzsagqtjrldil7za1vvoa。)

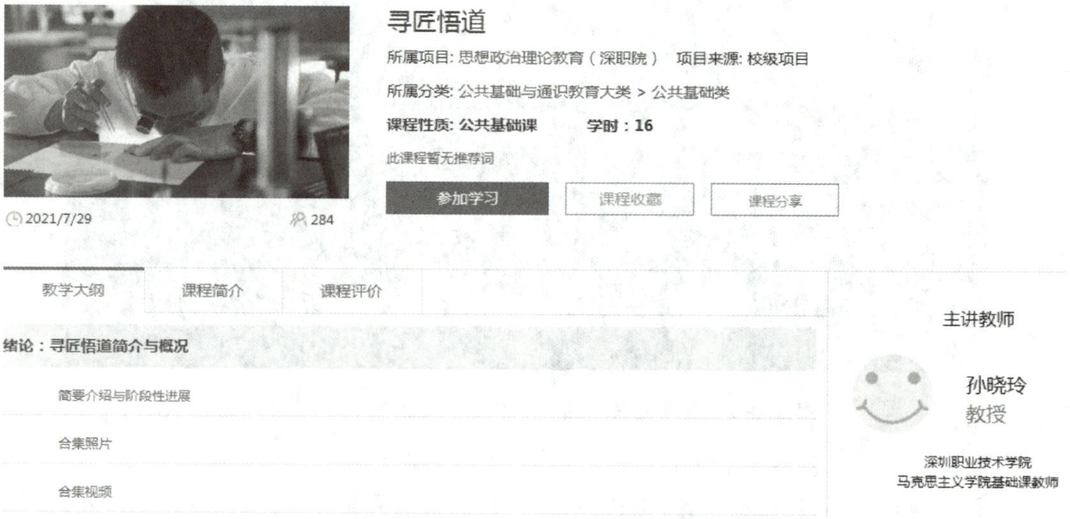

图 8-20　课程“寻匠悟道”

(2) 小组讨论：生活、学习、实训中哪些做法属于工匠精神的范畴？由企业导师做出在线点评。

设计意图

通过国家职业教育智慧教育平台课程学习，同学们理解工匠精神的本质，通过讨论将工匠精神与自己的学习、生活相联系。

环节三：观工匠行，增工匠念

(1) 参观校企合作企业。(见图 8-21)

(2) 各小组收集校企合作企业中具有工匠精神的榜样人物资料。

图 8-21 参观校企合作企业

(3) 登录国家职业教育智慧教育平台观看大国工匠人物专题相关视频。(见图 8-22)(观看网址:https://vocational.smartedu.cn/gjfc/index.html#/craftsman。)

图 8-22 大国工匠人物专题相关视频

· 设计意图 ·

观看大国工匠相关视频和参观企业,让同学们感受到工匠精神的重要性;同时让同学们通过学习自己身边的榜样,增强做大国工匠的信心。

环节四：融工匠魂，明工匠路

（1）小组讨论：如何发扬工匠精神？将自己的专业技能与国家发展相结合。

（2）小组代表展示本小组向大国工匠学习的行动路径。（见图 8-23）

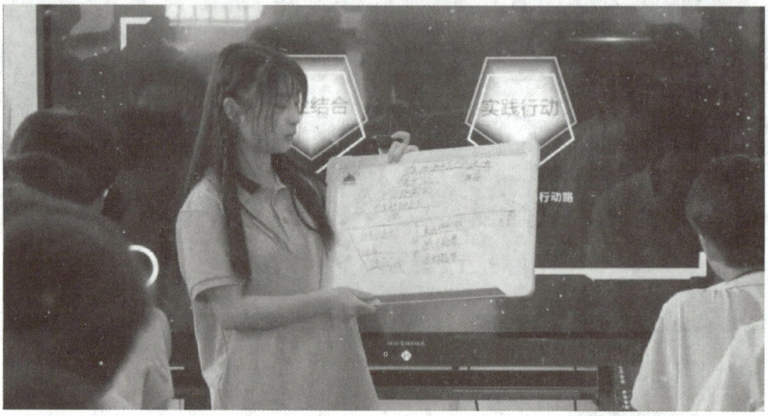

图 8-23　小组代表展示学习行动路径

（3）每人制定技能提高计划。针对自己的问题从实训态度、提高工件质量、操作规范等方面制定提高计划，每学期根据进步程度评出本班的工匠之星。

·设计意图·

让同学们明确自己践行工匠精神的具体行动路径，并将工匠精神融入自己的学习、实训活动中。

环节五：办技能赛，定发展计

制定学历提升计划并附带技能发展阶段目标，阐述个人成长与产业融合的方式方法。

·设计意图·

通过比赛，检验同学们的实训成果与工匠精神的结合程度，引导同学们将坚持工匠精神的理念在未来的学习中深化。

八、拓展延伸

（1）举办以“工匠精神”为主题的诗歌朗诵比赛。

（2）观看《大国工匠》等纪录片，深入领悟工匠精神。

（3）工匠精神实践：选择一项个人感兴趣的技能或爱好，如绘画、编程、手工艺等，投入时间和精力进行深入学习和实践。通过不断尝试和改进，提高自己的技艺水平。

九、总结反思

中共中央办公厅、国务院办公厅印发的《关于推动现代职业教育高质量发展的意见》指出：要加快构建现代职业教育体系，建设技能型社会，弘扬工匠精神，培养更多高素质技术技能人才、能工巧匠、大国工匠，为全面建设社会主义现代化国家提供有力人才和技能支撑。中职学生要响应国家号召，将自己的青春汗水挥洒到技能强国的伟大蓝图中。

活动策划总体思路从知情意行四个层次层层递进，采用时事热点引发学生兴趣，立足专业，通过视频、头脑风暴等方式让同学们主动参与到活动中，让学生在活动过程中达到领悟和实践的效果。

第八节　科学精神培养

一、活动名称

让青春在创新创造中闪光。

二、指导思想

习近平总书记指出：科学成就离不开精神支撑。无论是五四运动提出的科学与民主，还是改革开放以来取得的伟大建设成就，都离不开创造与探索的科学精神。而工业机器人专业是顺应时代发展而产生的新兴专业，就是在创新中孕育而生的。本次活动主题为创造与探索的科学精神，让我们谨记习总书记嘱托“让青春在创新创造中闪光”。

三、班情分析

学生在初中阶段接受的基础教育相对来说与职业需求割裂较大；同时部分学生缺乏职业自信，觉得自己无法进行创新创造活动。

四、活动目标

认知目标：理解创新创造的本质内涵。

情感目标：帮助学生建立参与创新创造的自信心。

行为目标：让学生主动参与到生活、学习的微创新中。

五、设计思路

感科学义，悟领袖意—知创新质，论创新界—观工匠行，增创新念—体创新迹，明创新路—办创新赛，拓创新技。（见图 8-24）

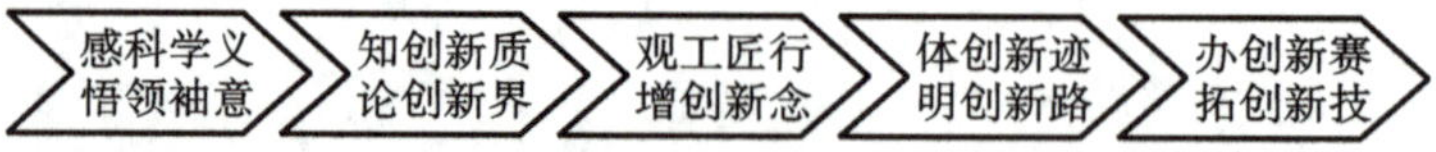

图 8-24　“让青春在创新创造中闪光”活动设计思路

六、活动准备

工具准备：电脑大屏、纸、笔。

特邀指导：企业导师。

学生准备：微创新大赛相关材料。

教师准备：授课课件、授课视频、网络课程，邀请企业导师、联系参观企业。

七、实施过程

环节一：感科学义，悟领袖意

（1）观看视频：《新时代下，我们应该怎样弘扬科学精神？》。（见图 8-25）

（视频网址：https://haokan.baidu.com/v?pd=wisenatural&vid=1132612502784915 0516。）

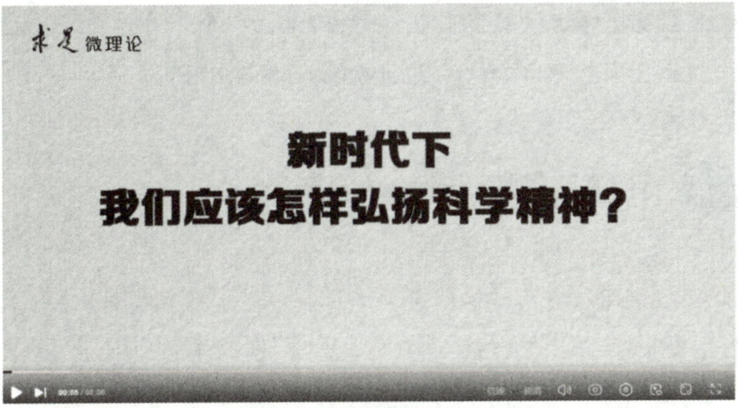

图 8-25 《新时代下，我们应该怎样弘扬科学精神？》

（2）学习习近平总书记勉励第三届中国“互联网+”大学生创新创业大赛“青年红色筑梦之旅”的大学生的回信精神。

· 设计意图 ·

通过视频，引起同学们对专业创新的兴趣；学习习近平总书记的话，让同学们感受到党和国家的期望。

环节二：知创新质，论创新界

（1）同学们登录国家职业教育智慧教育平台，加入课程“创新能力开发与应用”，学习相关课程知识。（见图 8-26）

（课程网址：https://vocational.smartedu.cn/details/index.html?courseId=a844059aea2efacae0690dab4b7df528。）

（2）小组讨论：生活、学习、实训中哪些领域属于创新创造范畴？由企业导师做出在线点评。

· 设计意图 ·

通过国家职业教育智慧教育平台课程学习，同学们理解创新的本质；通过讨论，将创新与自己的学习、生活相联系。

图 8-26　课程“创新能力开发与应用”

环节三：观工匠行，增创新念

(1) 学习党的二十大代表、大国工匠郑志明的创新事迹。(见图 8-27)

(视频网址：https://haokan.baidu.com/v? pd=wisenatural&vid=16648857619094528626。)

图 8-27　大国工匠郑志明创新研制工艺

(2) 参观工业机器人行业优秀自主企业，体验企业的创新之旅。

(3) 开展生活中的微创新大赛。(见图 8-28)

· 设计意图 ·

通过观看大国工匠事例相关视频和参观企业，同学们感受到创新的重要性；通过微创新比赛，同学们知道自己也可以参与创新，增强大家参与创新创造的信心。

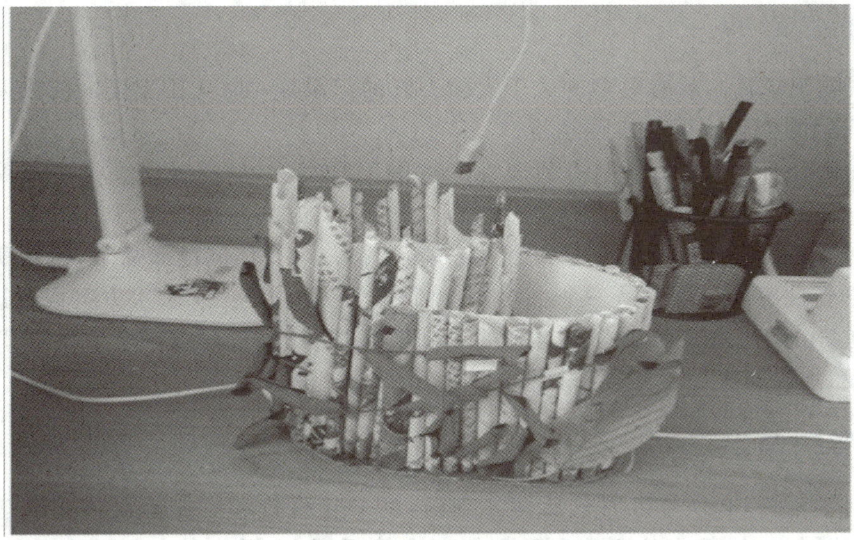

图 8-28 生活中的微创新作品

环节四:体创新迹,明创新路

(1) 开展班级创新活动:指导教师从工业机器人外围设备入手,介绍对口实习企业存在的工艺痛点,让同学们从设计理念、草图设计、详细设计、模拟制造、应用评估等全方位体验技术创新过程。

(2) 各小组以思维导图的形式,总结为满足未来职业创新创造的需要,现在的行动路径,并上传至学习通平台。

设计意图

开展创新活动,让同学们获得专业创新本领,同时让同学们将自己的创新决心落实到行动上来。

环节五:办创新赛,拓创新技

(1) 在班级开展创新创业大赛,对在大赛中涌现出的好的方案进行进一步培育,作为参加职业院校创新创业大赛的后备力量。

(2) 开展实训创新大赛,征集提高实训速度与质量的新方法、新工艺或新装备设计理念,并将可实施的方案在后期实训中进行应用推广。

设计意图

通过比赛,锻炼同学们的创新创造能力,并将创新的理念持续在学习过程中得以体现。

八、拓展延伸

（1）观看纪录片。观看更多的关于大国工匠的纪录片，如《大国工匠》《匠人匠心》等，了解更多工匠们的创新故事和实践经验。

（2）案例分析。选取一个具有代表性的大国工匠案例，如高铁研磨师宁允展、火箭“心脏”焊接人高凤林等，深入剖析其在创新过程中的思路、方法和精神品质。

（3）创新实践。结合所学专业和个人兴趣，选择一个具体问题或需求，运用所学知识和技能进行创新性解决。可以是一个小发明、小制作，也可以是一个解决方案或改进建议。

（4）创新分享。在班级内分享自己的创新实践成果，与同学交流创新心得。通过互相借鉴和启发，加深对大国工匠创新精神的理解。

九、总结反思

弘扬科学精神，必须号准时代脉搏。当前，新一轮科技和产业革命正在创造历史性机遇，催生互联网＋、分享经济、3D打印、智能制造等新理念、新业态。在这种情况下，谁牵住了科技创新这个牛鼻子，谁走好了科技创新这步先手棋，谁就能占领先机、赢得优势。习近平总书记指出：“创新是引领发展的第一动力。抓创新就是抓发展，谋创新就是谋未来。”当前，我们弘扬科学精神，必须适应我国经济社会发展提出的现实要求，把鼓励创新、勇于创新、大胆创新摆在突出位置，让创新意识在全社会蔚然成风，使蕴藏在亿万人民中间的创新智慧充分释放、创新力量充分涌流。

第九节 生命、健康教育

一、活动名称

乘青春之光，绽生命之彩。

二、指导思想

中国心理卫生协会危机干预专业委员会数据表明，自杀在我国已成为位居前列的死亡原因。自杀成为我国青少年死亡的主因之一。提前做好青少年的心理危机干预迫在眉睫。中职教育除了教导学生各项专业技能外，还需要对学生进行生命教育，引导学生拥有正确的生命观，促进学生尽快适应复杂的社会环境，帮助学生学会保护自身和他人安全，培养出技术过硬且心理健康的高素质人才。

三、班情分析

中职生正处于人生心理和生理变化最为丰富的时期。生命是可贵的，青春的生命，应该是朝气蓬勃的状态。班主任除了需要关注学生文化技能学习外，还应该加强对学生进行生命教育的重视，引导学生建立正确的生命观、价值观，促进学生良好性格的形成。

四、活动目标

认知目标：学生树立正确的生命观，懂得珍爱生命、呵护生命，认识到生命的可贵与伟大。

情感目标：学生感悟到生命的美好，明确生命的意义；激发学生积极的生命态度，树立积极乐观的生命价值观。

行为目标：学生珍爱生命、珍惜时间、笑对挫折，具有乐观精神与积极心态，坚韧不拔。

五、设计思路

知生命之脆—识生命之贵—悟生命美好—护生命之行。（见图 8-29）

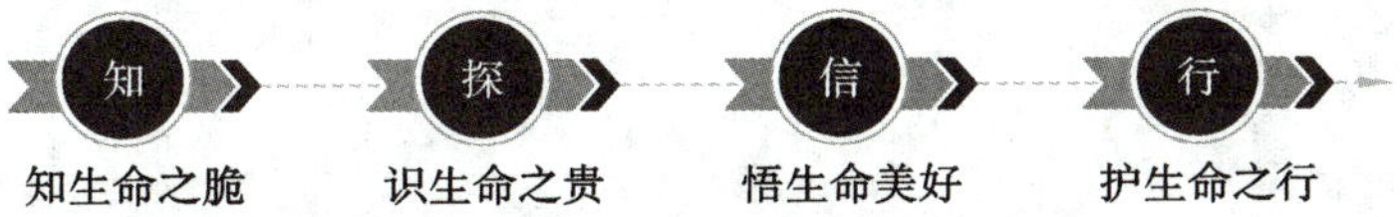

图 8-29 “乘青春之光，绽生命之彩”活动设计思路

六、活动准备

时间：第四学期。

场地：本班教室。

道具：任务卡、马克笔、生命彩虹图模板等。

人员：将学生分为4组，方便开展活动。

新闻组——收集关于生命的新闻热点。

科学组——观察记录微小生命轨迹。

艺术组——分享艺术作品中生命的绽放。

守护组——从点滴做起，践行积极生命观。

教师准备：调查问卷、PPT文件、视频素材。

七、实施过程

环节一：知生命之脆

看新闻视频。

①一群年轻人相约自杀。

②因病离世的孩子捐献器官。

③突发意外（地震、洪水等）造成人员伤亡。

设计意图

结合新闻热点，贴近学生的生活，激发学生对于生命话题的讨论兴趣。引导学生感知生命是如此脆弱，树立珍爱生命观。

环节二：识生命之贵

（1）播放《生命科学》短视频。（见图8-30）

（视频网址：https://haokan.baidu.com/v? pd=wisenatural&vid=443046216630128772。）

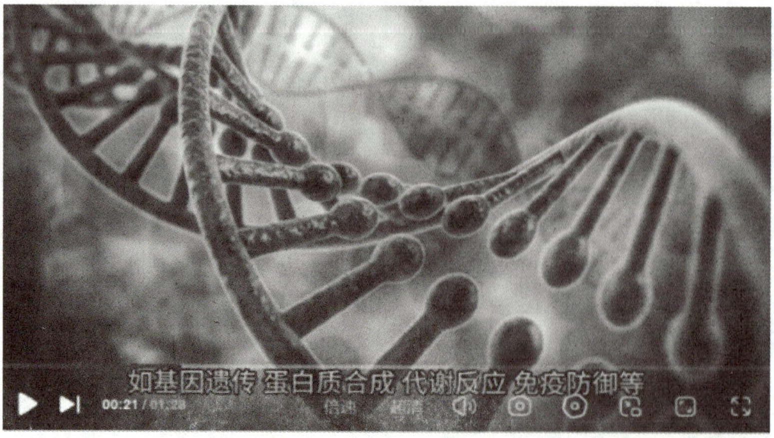

图8-30 《生命科学》

生命是什么？生命是伟大的，就像一颗颗璀璨的夜明珠，是无价之宝。

（2）学生分享领养植物或小动物的生命观察日志。

（3）朗诵《生命列车》。

· 设计意图 ·

从科学的角度了解生命的起源，引导学生感受生命的伟大，明白生命的宝贵。

环节三：悟生命美好

体验游戏。

（1）赋予生命颜色。

提问：如果让你为宝贵的生命赋予色彩，你觉得哪种颜色最能代表自己的生命？

不同的颜色代表不同的状态，如红色代表热情，绿色代表生机勃勃，紫色代表神秘未知，黑色代表忧伤等。

（2）涂抹生命的色彩。

小游戏：每位同学只能拿一张白纸，将能代表自己生命的颜色涂抹上去，涂好后将纸贴到黑板上，游戏时间为1分钟。涂好的同学互相欣赏成果。

（3）发掘生命的特征。

①感受生命的个体特征。

通过学生涂抹白纸，总结特征：各不相同（感受生命是独特的）、游戏时间为1分钟（感受生命是有限的）、只能涂抹一次（感受生命是不可以重来的）。

得出结论：更应该珍惜生命。

②感受生命的群体特征。

引导学生观察此刻的黑板，一张普通的黑板，用我们生命的色彩去粘贴，竟然变得缤纷斑斓。

结论：每个人的生命不是单独存在的，我们的生命与身边的每一个生命都息息相关。因为有你，集体生命五彩斑斓，生命还因其不仅仅属于自己而珍贵。

环节四：护生命之行

（1）手绘理想生命蓝图。

（2）签署珍爱生命安全承诺书。

· 设计意图 ·

引导学生珍爱生命、珍惜时间，明确人生目标，向阳而生。

八、拓展延伸

（1）阅读海伦·凯勒的《假如给我三天光明》，并进行读书分享。

（2）观看《遗愿清单》等有关生命的电影。

（3）学生自主策划珍爱生命系列活动，如“珍爱生命，远离毒品”“珍爱生命，拒绝吸烟”等。

九、总结反思

生命教育作为人文关怀教育的一部分，可以提高学生关爱生命，尊重自身和他人的生命价值的意识，同时还能让学生系统地认识到生命除了“长度”还要有“宽度”和“高度”，只有这样才能树立远大的人生目标，增强自我建设，树立健康向上的生命观、人生观，提高面对人生挫折的能力，使人生更加宽广、深厚。

人最宝贵的是生命，每个生命都是有价值的，每个生命都是美丽的，都是有光彩的！

第十节 奋斗精神培养、责任担当意识培养

一、活动名称

负青春之责任。

二、指导思想

习近平在纪念五四运动100周年大会上讲话时指出，新时代中国青年要珍惜这个时代、担负时代使命，在担当中历练，在尽责中成长，努力成为德智体美劳全面发展的社会主义建设者和接班人。中职生，作为未来的社会主义接班人，需要有责任意识，努力学好技能，将来为祖国做贡献。

三、班情分析

青少年时期是扎实打基础的时期，也是长知识、形成世界观的重要阶段，“莫等闲，白了少年头，空悲切”，责任是我们每个人的立身之本。但通过日常交流和观察，发现学生有“佛系”“躺平”等心态，部分学生缺乏目标、没有理想、沉溺网游，所以需要焕发学生奋斗的精神，引导学生明白每个人最基本的责任是学好本领，以便将来能自立于社会，为社会做出自己应有的贡献。

四、活动目标

认知目标：让学生懂得什么是责任，如何做一个有责任心的人。

情感目标：激发学生的责任意识，树立正确的责任观，有负责到底的精神，明确每个人都肩负着不同的责任。

行为目标：学生明确个人责任，做事认真责任，勇于承担不推诿，合理做好个人规划。

五、设计思路

知责任—感责任—明责任—尽责任。（见图8-31）

图8-31 “负青春之责任”活动设计思路

六、活动准备

新闻组：收集社会中有关责任的新闻案例。

体验组：以生活事物为媒介进行责任观察。

行动组：做行动清单，做好社区服务活动分工。

宣传组：巧用各种媒体进行责任意识的信息化宣传。

七、实施过程

环节一：知责任

体验组进行生活观察分享，如：蜜蜂负责采花、树叶负责净化、导盲犬负责引路等。

设计意图

让学生通过观察明确花有结果的责任，云有下雨的责任，太阳有带来光明的责任。世界万事万物，都有自己的责任。我们每个人，都应当有自己的责任，做一个有责任心的人。

环节二：感责任

活动内容：观看新闻“最美司机”。

一位汽车司机，一次行车中，突然心脏病发作，在生命的最后时刻，他果断地把车停在路边，拉下手动刹车闸，打开车门，让乘客安全下车，将发动机熄灭。之后他永远地停止了呼吸。试想一下，如果他不这样做，后果会怎样？在转眼即逝的生命瞬间，他依旧尽力把工作做好，守护乘客安全，这就是责任。

设计意图

让学生明确责任，正如美国著名心理学家弗洛姆说过：“责任并不是一种由外部强加在人身上的义务，而是我需要对我所关心的事情做出反应。”从而树立对自己、对同学、对学校、对家庭、对社会负责的责任意识。

环节三：明责任

活动内容：

（1）观察组收集展示发现的身边缺乏责任感的事件，讨论生活中哪些是不负责任的行为。

（2）宣传组分享名人对责任的看法。

杜甫认为责任是“大庇天下寒士俱欢颜”，范仲淹认为责任是“先天下之忧而忧，后天下之乐而乐”，周恩来总理认为责任是“为中华之崛起而读书”。

学生讨论：作为中职生，我们的责任究竟是什么？

尽责任从认真学习做起，从关心班级做起。

（3）学生出演情景剧《做有责任感的中职生》。

·设计意图·

激发学生的责任意识,让学生明确责任是自己对自己的要求,是他人给予的希望,也是社会托付的使命。

环节四:尽责任

活动内容:学生头脑风暴,参与话题讨论"作为一名新时代的中职生,我们应尽哪些责任?"

发出倡议:

(1)对自己负责,对自己的生命负责、言行负责。

(2)对他人负责,关心爱护帮助他人。

(3)对家庭负责,对父母怀有感恩的心,培养责任感从孝敬父母做起。

(4)对集体负责,为集体增添荣誉和力量。

(5)对社会负责,良好行为创造美好社会,树立"天下兴亡,匹夫有责"的意识。

·设计意图·

引导学生明确他们是自己生活的主角、创造者及艺术家。

八、拓展延伸

(1)观看校园"十八岁成人礼"活动。

(2)课余时间参与"技能下社区志愿服务"活动。

(3)观看纪录片《榜样》(激发学生责任与奋斗意识)。

九、总结反思

党的二十大报告指出,广大青年要"立志做有理想、敢担当、能吃苦、肯奋斗的新时代好青年,让青春在全面建设社会主义现代化国家的火热实践中绽放绚丽之花。"党的十八大以来,习近平总书记围绕青年的责任担当做出一系列重要论述,深刻回答了"培养什么人、怎样培养人、为谁培养人"这一根本性问题。中职学生要扛起技能强国的历史责任,同时准备好承担家庭和社会责任。

参考文献

[1] 许慎.说文解字[M].北京:中华书局,1996.

[2] 徐明.中职校序列化德育活动的实践研究——以江苏省惠山中等专业学校为例[J].职教通讯,2017(32):56-60.

[3] 松浦四郎.工业标准化原理[M].熊国凤,薄国华,译.北京:技术标准出版社,1996.

[4] 李树泉.加强纪律性　革命无不胜[N].人民日报,2017-08-29.

[5] 顾明远.教育大辞典[M].上海:上海教育出版社,1998.

[6] 沈雷.论道德品质的形成[J].科教文汇(中旬刊),2007(5):23-24.

[7] 仇楠楠,高严.中华优秀传统文化融入高校思政课教育的路径探析[J].现代商贸工业,2023(21):172-174.

[8] 季慧.高职院校人文素质教育刍议[J].佳木斯大学社会科学学报,2002(5):98-100.

[9] 郝春生.人文素质教程[M].北京:北京交通大学出版社,2014.